Salahddine Krit

Inteligência Artificial e Propriedade Intelectual:

Salahddine Krit

Inteligência Artificial e Propriedade Intelectual:

Um quadro emergente e desafios complexos

ScienciaScripts

Cover image: www.ingimage.com

This book is a translation from the original published under ISBN 978-3-330-79877-9.

Publisher:
Sciencia Scripts
is a trademark of
Dodo Books Indian Ocean Ltd. and OmniScriptum S.R.L publishing group

120 High Road, East Finchley, London, N2 9ED, United Kingdom
Str. Armeneasca 28/1, office 1, Chisinau MD-2012, Republic of Moldova, Europe
Managing Directors: Ieva Konstantinova, Victoria Ursu
info@omniscriptum.com

Printed at: see last page
ISBN: 978-620-8-64458-1

INTRODUÇÃO A INTELIGENCIA ARTIFICIAL

E PROPRIEDADE INTELECTUAL

Dr. Salahddine Krit

ÍNDICE DE CONTEÚDOS

INTRODUÇÃO

A Inteligência Artificial (IA) e a Propriedade Intelectual (PI) são dois domínios em rápida evolução que interagem de forma complexa e significativa. O presente documento explora as implicações jurídicas, éticas e económicas desta interação, destacando ao mesmo tempo os desafios e as oportunidades que apresenta. Através de uma análise aprofundada, salientamos a necessidade de adaptar os quadros jurídicos existentes para responder às realidades de um mundo onde a IA está a redefinir as noções de inovação e criatividade.

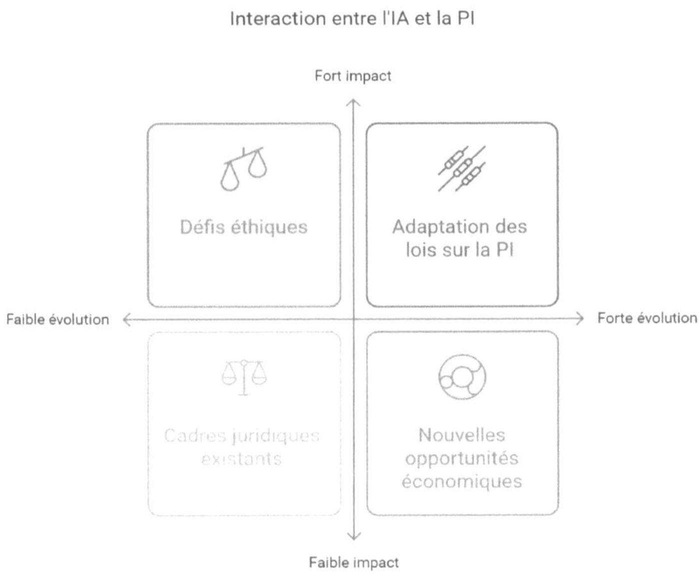

Ligação entre IA e IP

Para melhor compreender as questões, podemos explorar os seguintes subtemas:

1. Implicações jurídicas da IA para a propriedade intelectual

A integração da IA nos processos criativos e de inovação coloca grandes desafios jurídicos. Eis as principais questões:

- **Autoria**: Quando uma IA gera uma obra, quem é o autor? Por exemplo, uma música ou uma pintura gerada por uma IA pode ser protegida? Ao abrigo dos actuais regimes jurídicos, apenas uma pessoa singular pode ser reconhecida como autor. No entanto, algumas jurisdições estão a considerar adaptações para incluir obras "assistidas por IA".

- **Propriedade dos direitos**: Se uma empresa utiliza uma IA desenvolvida por terceiros para criar um produto inovador, a quem pertencem os direitos: à empresa ou ao criador da IA? Os acordos de licenciamento e os contratos para a utilização de algoritmos estão frequentemente no centro deste debate.

- **Respeitar os direitos existentes**: Pode a IA utilizar obras protegidas para treinar os seus modelos? Por exemplo, a utilização de imagens ou textos protegidos por direitos de autor em bases de dados de treino é frequentemente descrita como uma violação dos direitos de autor, embora alguns defendam a exceção da "utilização justa".

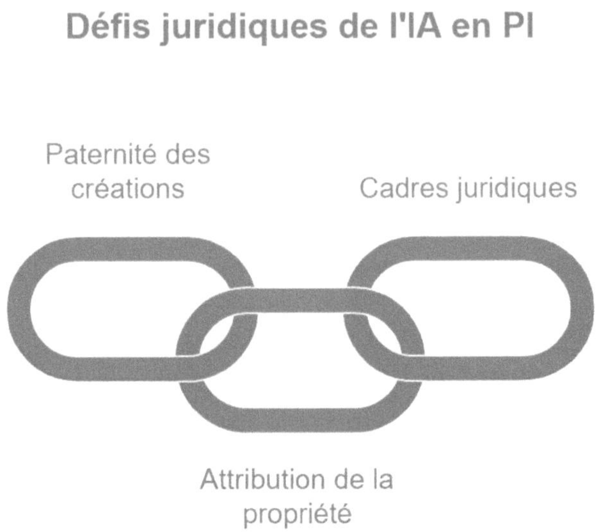

2. Exemplos concretos de interação entre a IA e a PI

- **Criação musical**: as IA como a AIVA (Artificial Intelligence Virtual Artist) geram composições musicais. Em 2020, a música composta por uma IA foi registada ao abrigo dos direitos de autor em nome do utilizador, suscitando um debate sobre a legitimidade desta proteção.

- **Patentes inovadoras**: Os algoritmos de IA estão a ajudar a conceber produtos patenteáveis em áreas como a farmacêutica e a aeroespacial. No entanto, alguns pedidos de patentes atribuídos a máquinas como inventores foram rejeitados por institutos de propriedade intelectual, como o Instituto Europeu de Patentes.

- **Arte generativa**: Plataformas como a DALL-E ou a MidJourney produzem ilustrações utilizando dados existentes. Isto levanta questões sobre a potencial violação dos direitos de autor dos artistas originais.

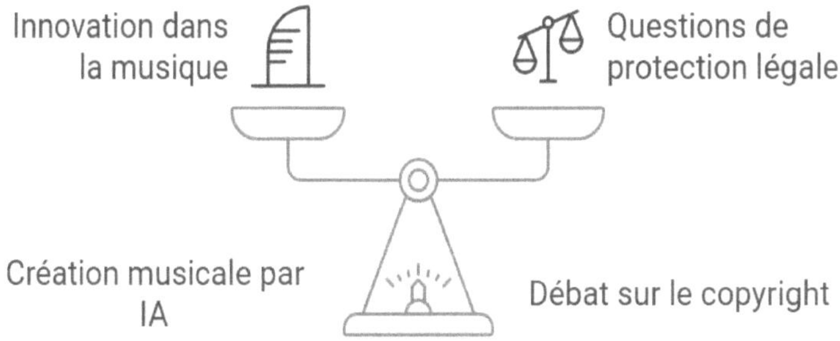

Équilibrer Innovation et Protection dans la Musique par IA

3. O papel da IA na gestão e aplicação efectiva dos direitos de PI

A IA pode também desempenhar um papel crucial na gestão e proteção dos direitos de propriedade intelectual:

- **Deteção de infracções**: Os sistemas de IA podem analisar milhões de conteúdos em linha para detetar infracções aos direitos de autor ou às marcas registadas. Isto é particularmente útil para sectores como a música e o cinema.
- **Análise preditiva**: as ferramentas de IA podem ser utilizadas para avaliar as hipóteses de sucesso de litígios em matéria de propriedade intelectual através da análise de decisões judiciais anteriores.

- **Automatização de processos**: Plataformas como o Copyright Office online utilizam algoritmos para acelerar o registo de obras protegidas.

Rôle de l'IA dans la gestion de la PI

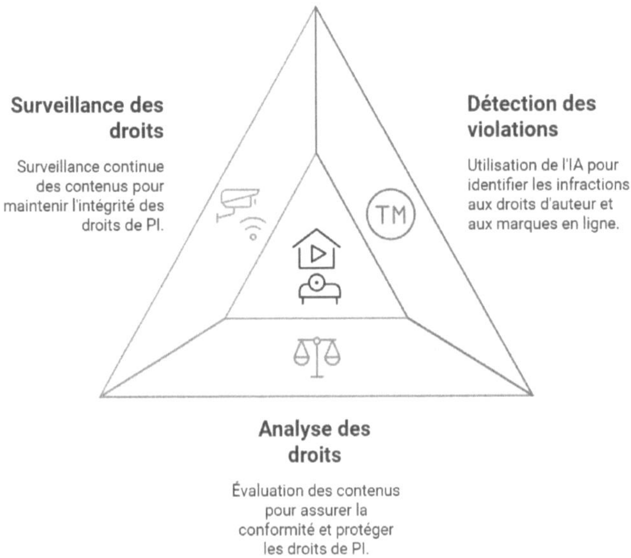

4. Desafios éticos e económicos

- **A ética da criatividade automatizada**: a IA pode ser considerada uma entidade criativa ou a criação continua a ser uma prerrogativa dos humanos?

- **Impacto económico**: A automatização dos processos criativos poderá perturbar indústrias inteiras, reduzindo o valor do trabalho humano e aumentando a produtividade global.

5. Perspectivas futuras: rumo a um quadro jurídico adequado

Estão a surgir várias vias para responder a estes desafios:

- **Revisão da legislação em matéria de propriedade intelectual**: uma nova legislação poderia reconhecer oficialmente os trabalhos gerados pela IA, definindo claramente as responsabilidades.

- **Utilização justa e equilíbrio**: Incluir cláusulas específicas para regular a utilização de obras protegidas em bases de dados de formação de IA.

- **Colaboração internacional**: Dada a natureza global das inovações tecnológicas, a harmonização das leis internacionais está a tornar-se essencial.

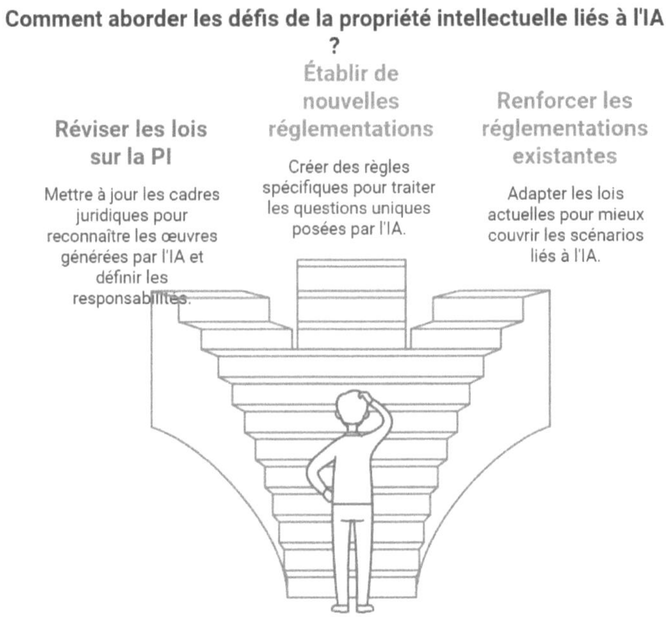

A interação entre a inteligência artificial e a propriedade intelectual está a redefinir os conceitos tradicionais de criatividade e inovação. Embora a IA ofereça imensas oportunidades, também coloca desafios jurídicos, éticos e económicos sem precedentes. Um diálogo ativo entre os criadores de tecnologia, os juristas e os decisores políticos é crucial se quisermos construir um quadro jurídico adequado a esta nova era tecnológica.

CAPÍTULO 1: HISTÓRIA E DESENVOLVIMENTO, AS ORIGENS DA INTELIGÊNCIA ARTIFICIAL

Introdução

A inteligência artificial (IA) é uma disciplina fascinante que resulta da aspiração humana de compreender e reproduzir as nossas próprias capacidades cognitivas através de máquinas. Desde a Antiguidade, esta busca intelectual tem sido marcada por avanços espectaculares, mas também por períodos de estagnação. Este capítulo traça em pormenor o desenvolvimento histórico da IA, desde as suas origens filosóficas até à sua emergência como um domínio científico moderno. Explorando as suas raízes, sucessos e retrocessos, mostraremos como a IA tem vindo gradualmente a ocupar um lugar central na sociedade contemporânea.

1.1 Os primeiros fundamentos : Filosofia Antiga

As origens da inteligência artificial (IA) estão profundamente enraizadas em reflexões filosóficas sobre a natureza da mente humana. Este artigo explora a forma como os pensadores antigos lançaram as bases da lógica e do raciocínio, influenciando o futuro desenvolvimento da IA. Ao examinar os contributos de Aristóteles, bem como as tradições orientais e o pensamento medieval, destacamos as primeiras tentativas de compreender e reproduzir a inteligência humana.

As contribuições de Aristóteles

Já na Antiguidade, pensadores como Aristóteles tentaram formular teorias para explicar o raciocínio e a lógica. A lógica formal, introduzida por Aristóteles, foi uma das primeiras ferramentas sistemáticas para estruturar o pensamento racional. O seu modelo de silogismo - uma forma de raciocínio dedutivo - constituiu uma base fundamental para os futuros sistemas de IA. Ao estabelecer regras para o raciocínio, Aristóteles abriu caminho para uma compreensão mais sistemática do pensamento humano.

Tradições orientais

No Oriente, tradições como o Budismo e o Confucionismo também exploraram questões sobre a natureza da mente e da consciência. Estas escolas de pensamento, embora diferentes das abordagens ocidentais, enriqueceram o debate sobre o que constitui a inteligência e a capacidade de raciocínio. Introduziram conceitos de perceção e cognição que continuam a influenciar os debates contemporâneos sobre a IA.

A Idade Média e os autómatos

A Idade Média foi marcada por estudos sobre a mecânica e os autómatos, prenunciando uma tentativa de replicar o comportamento humano por meios artificiais. A erudição de pensadores como Avicena e Tomás de Aquino lançou as bases conceptuais para a conceção de uma forma de inteligência artificial, ainda que estas ideias estivessem enraizadas em paradigmas religiosos e filosóficos. Estas reflexões permitiram antecipar os futuros desenvolvimentos tecnológicos e imaginar um mundo onde a máquina pudesse imitar o intelecto humano.

Os primeiros fundamentos da inteligência artificial são inseparáveis das reflexões filosóficas sobre a mente e o raciocínio. Pensadores como Aristóteles, bem como as tradições orientais e os estudos medievais, ajudaram a moldar a nossa compreensão da inteligência. Estas ideias continuam a influenciar o desenvolvimento da IA atualmente, sublinhando a importância da filosofia na evolução das tecnologias inteligentes.

1.2 Máquinas mecânicas do Renascimento

O Renascimento foi um período crucial marcado por uma explosão de engenho técnico e curiosidade científica. Este documento explora os contributos dos inventores deste período, nomeadamente Leonardo da Vinci, e examina a forma como as suas criações mecânicas não só divertiram, mas também levantaram questões profundas sobre a natureza da vida e da mecânica.

O engenho de Leonardo da Vinci

Leonardo da Vinci, uma das mentes mais brilhantes do Renascimento, concebeu uma grande quantidade de máquinas mecânicas. Os seus esboços de autómatos, como o cavaleiro mecânico, são exemplos fascinantes da forma como tentou simular as acções humanas. Embora estas invenções tenham ficado muitas vezes no papel, são testemunho de uma visão vanguardista que prefigurou os conceitos modernos de inteligência artificial.

Relógios complexos e autómatos musicais

O Renascimento assistiu também ao aparecimento de relógios complexos e de autómatos musicais, que tinham como principal objetivo o entretenimento. Estas criações são fruto de uma engenharia avançada, que alia precisão e estética. Os relojoeiros e artesãos da época competiam entre si no seu engenho para criar mecanismos que não só mediam o tempo, mas também ofereciam espectáculos fascinantes.

Questões fundamentais sobre a mecânica e a vida

As máquinas mecânicas da Renascença deram origem a reflexões profundas sobre a diferença entre o mecânico e o vivo. Os autómatos, apesar de serem construções inanimadas, levantaram questões sobre a natureza da inteligência e da consciência. Estas questões lançaram as bases para discussões filosóficas que continuam a ser relevantes atualmente, na era da inteligência artificial e da robótica.

Em suma, as máquinas mecânicas do Renascimento representam um período de inovação sem precedentes que não só divertiu, mas também abriu caminho a reflexões sobre a natureza da humanidade e da tecnologia.

O trabalho de figuras icónicas como Leonardo da Vinci continua a inspirar e a provocar o debate sobre a relação entre o vivo e o mecânico.

1.3 O Iluminismo e os primeiros modelos cognitivos

Este artigo explora os contributos do Iluminismo para a compreensão da mente humana e dos primeiros modelos cognitivos, bem como a emergência da inteligência artificial moderna no século XX. Ao examinar as ideias dos filósofos e os avanços tecnológicos, destacamos os fundamentos que levaram à criação da IA como disciplina científica.

1.3 O Iluminismo e os primeiros modelos cognitivos

O século XVIII trouxe desenvolvimentos significativos na compreensão da mente humana. Filósofos como Descartes e Hobbes contribuíram para a ideia de que a mente podia ser entendida como uma máquina, o que influenciou a criação de modelos mecânicos do funcionamento cognitivo. O Iluminismo viu cientistas e académicos, como Vaucanson, conceberem autómatos capazes de reproduzir comportamentos complexos, como tocar música ou escrever. Estas máquinas, embora artificiais, eram vistas como uma tentativa de reproduzir a vida humana de forma artificial.

O advento da informática no século XX foi um momento crucial na evolução da inteligência artificial (IA). Este documento explora as principais contribuições de Alan Turing e da Conferência de Dartmouth, que desempenharam um papel crucial na formação da IA como disciplina científica.

A era moderna da IA foi profundamente influenciada pelo trabalho de Alan Turing, frequentemente considerado o pai da informática. Turing levantou questões fundamentais sobre a capacidade de raciocínio das máquinas, lançando as bases para a reflexão sobre a inteligência artificial.

O seu famoso teste de Turing, proposto em 1950, continua a ser um critério emblemático para avaliar a inteligência das máquinas, baseado na sua capacidade de imitar o comportamento humano.

Em 1956, a Conferência de Dartmouth marcou um ponto de viragem decisivo na história da IA. Organizado por pioneiros como John McCarthy, Marvin Minsky, Nathaniel Rochester e Claude Shannon, este evento deu oficialmente origem à IA como disciplina científica. Os investigadores presentes exploraram conceitos inovadores como a lógica formal, a resolução de problemas e a simulação da inteligência humana por computadores. Foi nesta conferência que o termo "inteligência artificial" foi introduzido, estabelecendo um quadro para a investigação futura neste domínio.

A conferência de Dartmouth não só catalisou o interesse pela IA, como também reuniu mentes brilhantes em torno de uma visão comum: criar máquinas capazes de pensar e aprender. Esta reunião abriu caminho a avanços significativos e lançou as bases para futuros desenvolvimentos no domínio da inteligência artificial.

Este artigo explora os primeiros êxitos e limitações da inteligência artificial (IA) entre 1960 e 1970, um período crucial em que se registaram avanços significativos neste domínio, salientando simultaneamente os desafios que conduziram a períodos de estagnação. As realizações deste período lançaram as bases da IA moderna, mas os obstáculos encontrados também moldaram a investigação futura.

Progressos notáveis

Os anos que se seguiram à conferência de Dartmouth em 1956 foram marcados por desenvolvimentos significativos na criação de sistemas de IA. Um dos exemplos mais emblemáticos é o programa Logic Theorist, concebido por Allen Newell e Herbert Simon. Este programa demonstrou a capacidade das máquinas para resolver problemas complexos através da prova de teoremas matemáticos, o que foi considerado um grande avanço no domínio da IA.

Limitações óbvias

Apesar destes sucessos, as limitações dos sistemas de IA da altura tornaram-se rapidamente evidentes. Os programas, embora impressionantes nas suas capacidades computacionais, careciam de uma compreensão contextual ou intuitiva dos problemas. Este facto levou a uma crítica crescente por parte de investigadores e profissionais, que começaram a questionar a viabilidade das abordagens de IA baseadas apenas em algoritmos lógicos.

Invernos AI

As elevadas expectativas criadas pelos primeiros êxitos também tiveram consequências negativas. Quando os sistemas de IA não corresponderam às expectativas, isso conduziu a períodos de estagnação, frequentemente designados por "Invernos da IA". Estes períodos caracterizaram-se por uma retirada do financiamento e por um abrandamento da investigação, o que realça a necessidade de uma abordagem mais matizada e diversificada do desenvolvimento da inteligência artificial.

Em conclusão, o período de 1960 a 1970 foi marcado por avanços significativos no domínio da inteligência artificial, mas também por limitações que levaram a reflexões críticas sobre a direção da investigação. Estas experiências foram essenciais para moldar a futura direção da IA.

A inteligência artificial (IA) teve os seus altos e baixos ao longo da sua história, mas os avanços na aprendizagem automática nas décadas de 1980 e 1990 lançaram as bases para um renascimento no início do século XXI. Este artigo explora a forma como algoritmos como a retropropagação tornaram possível a exploração de redes neurais artificiais e como o surgimento da aprendizagem profunda transformou uma variedade de sectores graças ao aumento da capacidade de computação e ao acesso a vastos conjuntos de dados.

Os avanços dos anos 80 e 90

Apesar das desilusões iniciais que marcaram os primórdios da IA, as décadas de 1980 e 1990 registaram progressos significativos, nomeadamente no domínio da aprendizagem automática. Um dos principais desenvolvimentos foi o algoritmo de retropropagação, que melhorou a formação de redes neuronais artificiais. Inspiradas no funcionamento do cérebro humano, estas redes começaram a demonstrar o seu potencial em tarefas complexas.

A ascensão da aprendizagem profunda

Com o advento do século XXI, a IA passou por um verdadeiro renascimento. O aumento exponencial da capacidade de computação, associado ao acesso a volumes maciços de dados, abriu caminho ao aparecimento da aprendizagem profunda. Esta abordagem, baseada em arquitecturas de redes neuronais complexas, revolucionou domínios como a :

- **Visão computacional**: os sistemas de aprendizagem profunda permitiram avanços espectaculares no reconhecimento de imagens e na deteção de objectos.
- **Reconhecimento de voz**: os avanços nesta área tornaram os assistentes de voz mais precisos e eficientes.

- **Processamento de linguagem natural**: A aprendizagem profunda também transformou a forma como as máquinas compreendem e geram a linguagem humana.

O renascimento da IA, alimentado pela aprendizagem automática e profunda, não só redefiniu as capacidades das máquinas, como também abriu novas perspectivas para o futuro. Os avanços tecnológicos continuam a evoluir, prometendo inovações ainda mais impressionantes nos próximos anos.

1.7 A IA moderna e o seu impacto na sociedade

A inteligência artificial (IA) tornou-se uma parte incontornável da nossa vida quotidiana, transformando a forma como interagimos com o mundo. Este artigo explora as diversas aplicações da IA moderna, salientando os desafios éticos e sociais que se colocam. Examinamos as implicações para o emprego, a privacidade e os preconceitos algorítmicos, salientando a importância de um quadro de governação adequado para navegar nesta nova era tecnológica.

A omnipresença da IA

Atualmente, a IA está integrada em muitos aspectos da nossa vida. Assistentes de voz como a Siri e a Alexa facilitam as nossas tarefas diárias, enquanto os automóveis autónomos prometem revolucionar os transportes. Os algoritmos de recomendação, utilizados por plataformas como a Netflix e a Amazon, personalizam a nossa experiência de utilizador de acordo com as nossas preferências. Estas tecnologias ilustram não só as capacidades espectaculares da IA, mas também o seu potencial para transformar indústrias inteiras.

Desafios éticos e sociais

Apesar das suas vantagens, a expansão da IA suscita grandes preocupações. Uma das mais prementes é a questão do emprego. A automatização pode levar ao desaparecimento de certos empregos, enquanto outros podem exigir novas competências especializadas. Isto levanta a questão da reconversão profissional e da adequação dos sistemas de ensino às necessidades do mercado.

Outro desafio crucial diz respeito à privacidade. Os sistemas de IA recolhem e analisam enormes quantidades de dados pessoais, o que suscita preocupações em matéria de segurança e confidencialidade. Os utilizadores têm de estar cientes da forma como os seus dados estão a ser utilizados e protegidos.

Por último, os preconceitos algorítmicos representam um problema significativo. Os sistemas de IA podem reproduzir ou mesmo amplificar os preconceitos existentes, o que pode ter consequências nefastas, nomeadamente em domínios sensíveis como a justiça penal ou o recrutamento. É essencial desenvolver algoritmos transparentes e justos para evitar tais abusos.

A necessidade de um quadro de governação

Face a estes desafios, é imperativo estabelecer um quadro de governação rigoroso para a IA. Isto inclui a criação de regulamentos que protejam os direitos dos indivíduos e, ao mesmo tempo, promovam a inovação. Os governos, as empresas e os investigadores devem trabalhar em conjunto para desenvolver normas éticas e práticas responsáveis no desenvolvimento e utilização da IA.

Em conclusão, a IA moderna oferece oportunidades sem precedentes, mas também coloca desafios significativos que exigem uma atenção séria. Ao abordar estas questões de forma proactiva, podemos colher os benefícios da IA, minimizando simultaneamente os seus riscos sociais.

Conclusão

A história da inteligência artificial é uma epopeia feita de descobertas, revoluções e momentos de interrogação. Ao traçarmos a sua evolução, compreendemos melhor as bases em que assenta esta disciplina em constante evolução. À medida que a IA continua a redefinir os limites do que é possível, o seu futuro permanece em aberto, trazendo oportunidades e responsabilidades para a humanidade.

CAPÍTULO 2: PRINCÍPIOS FUNDAMENTAIS

Neste capítulo, analisamos em pormenor os conceitos-chave que definem e estruturam a inteligência artificial (IA). Começamos com uma definição clara de IA e, em seguida, passamos a explorar os algoritmos básicos, os métodos de aprendizagem automática e a sua aplicação numa variedade de contextos.

2.1. Definição de IA

A inteligência artificial (IA) refere-se à capacidade de as máquinas realizarem tarefas que normalmente requerem a inteligência humana. Estas tarefas incluem a aprendizagem, o raciocínio, a resolução de problemas, a perceção e a compreensão da linguagem natural.

Em termos simples, a IA é o domínio da investigação científica e técnica que tem por objetivo criar sistemas capazes de imitar as funções cognitivas humanas. Esta baseia-se em três elementos fundamentais:

1. **Dados** : Alimentar os sistemas com informações para aprender. Os dados, que podem ser estruturados (como as bases de dados tabulares) ou não estruturados (como as imagens e o texto), são essenciais para treinar os modelos de IA.
    - Os grandes volumes de dados permitem-nos compreender melhor as tendências e as relações.
    - Os métodos de pré-processamento de dados, como a normalização e a limpeza, são frequentemente necessários para garantir resultados exactos.
2. **Algoritmos**: Os algoritmos são os programas matemáticos e estatísticos que permitem aos sistemas de IA extrair informações significativas dos dados. Por exemplo, os algoritmos de otimização ajustam os modelos para melhorar a sua precisão.

- As técnicas modernas, como a aprendizagem profunda, dependem de redes neuronais complexas.
- Os algoritmos tradicionais (árvores de decisão, SVM) continuam a ser amplamente utilizados para problemas simples ou com volumes limitados de dados.

3. **Potência de computação**: o crescimento da IA moderna deve-se em grande parte à maior disponibilidade de unidades de processamento gráfico (GPU) e de unidades de processamento tensorial (TPU), que permitem efetuar rapidamente cálculos complexos. As plataformas em nuvem também oferecem uma capacidade praticamente ilimitada para a formação e a implementação de modelos.

A IA pode ser classificada em várias categorias, como a IA fraca (especializada em tarefas específicas), a IA forte (hipotética e capaz de reproduzir todas as capacidades cognitivas humanas) e a IA geral, que continua a ser um objetivo de investigação futuro.

2.2. Algoritmos de base

Os algoritmos constituem o núcleo dos sistemas de IA. Permitem o processamento de dados brutos, a deteção de padrões e a geração de previsões. Os algoritmos fundamentais incluem :

a. Árvores de decisão

As árvores de decisão são modelos de árvore que utilizam regras lógicas para classificar ou prever dados. Cada nó representa um teste numa variável e cada ramo corresponde a um resultado possível. Este tipo de modelo é intuitivo e fácil de interpretar, o que o torna popular em problemas de decisão.

Aplicações comuns:

- Avaliação do crédito bancário.
- Diagnóstico médico baseado nos sintomas observados.
- Análise de risco em seguros.

b. Redes neuronais

Inspiradas na biologia humana, as redes neuronais artificiais são constituídas por camadas interligadas. Estas camadas incluem :

- **Camadas de entrada**: Receber dados em bruto.
- **Camadas ocultas**: processam dados através de cálculos.
- **Camadas de saída**: geram os resultados previstos.

As redes neuronais convolucionais (CNN) e as redes neuronais recorrentes (RNN) são variantes populares utilizadas para a análise de imagens e de séries cronológicas, respetivamente.

c. Máquinas de vectores de suporte (SVM)

Os SVMs utilizam hiperplanos para separar os dados em diferentes classes. Estes modelos são particularmente eficazes para problemas de classificação com margens máximas entre classes.

d. Algoritmos de agrupamento

Estes algoritmos agrupam dados de acordo com a sua semelhança, sem necessidade de etiquetas. O agrupamento inclui métodos como o k-means e o DBSCAN. São utilizados em aplicações como a segmentação de mercados e a deteção de anomalias.

2.3. Os diferentes tipos de aprendizagem

a. Aprendizagem supervisionada

A aprendizagem supervisionada baseia-se na utilização de dados rotulados para treinar um modelo. O modelo aprende a associar as entradas às saídas correspondentes. Esta abordagem é comum em aplicações como o :

- **Classificação de imagens**: Identificar objectos ou pessoas em imagens.
- **Reconhecimento de voz**: Traduzir sons em texto.
- **Previsão de tendências**: antecipar a procura ou o comportamento dos utilizadores.

As técnicas avançadas incluem :

- **Regressão linear e logística** para problemas de classificação contínua e binária.
- **Conjuntos de modelos**, como florestas aleatórias e XGBoost, que melhoram a precisão através da combinação de vários modelos.

b. Aprendizagem não supervisionada

Ao contrário da aprendizagem supervisionada, este método não utiliza resultados rotulados. O objetivo é descobrir estruturas ocultas nos dados. As aplicações mais comuns incluem

- **Agrupamento**: Agrupar clientes com comportamentos semelhantes.
- **Redução da dimensionalidade**: tornar conjuntos de dados complexos mais compreensíveis.

c. Aprendizagem por reforço

Nesta abordagem, um agente interage com o seu ambiente e aprende a maximizar uma recompensa cumulativa. Cada ação pode resultar numa recompensa positiva ou numa penalização, levando o agente a otimizar as suas decisões. As aplicações incluem:

- **Jogos de vídeo**: A IA domina jogos como o Go ou o xadrez.
- **Robótica**: Ensinar um robô a navegar num ambiente.
- **Condução autónoma**: ensinar os veículos a reagir da melhor forma em diferentes cenários.

2.4 Importância dos princípios fundamentais

O domínio destes princípios básicos é essencial para compreender o funcionamento e a evolução dos sistemas de IA. Constituem uma base sólida para o desenvolvimento de aplicações adaptadas às necessidades actuais e futuras numa variedade de domínios, incluindo a saúde, as finanças, a educação e os transportes.

Em resumo, os fundamentos da IA, incluindo as suas definições, algoritmos e métodos de aprendizagem, fornecem uma panorâmica das capacidades e limitações das tecnologias actuais. Estes fundamentos servem não só para compreender a IA, mas também para lançar as bases de futuras inovações neste domínio fascinante.

CAPÍTULO 3: TÉCNICAS E MÉTODOS

Neste capítulo, examinamos uma série de técnicas e métodos fundamentais que estão na base do desenvolvimento da inteligência artificial (IA) e da aprendizagem automática. Estas ferramentas desempenham um papel essencial na criação de sistemas inteligentes e adaptativos capazes de resolver problemas complexos. Exploramos as redes neuronais, os algoritmos genéticos, a lógica difusa, os sistemas especializados e a visão computacional. Cada uma destas secções foi concebida para fornecer detalhes aprofundados, exemplos práticos e aplicações fundamentais.

3.1 Redes neuronais

As redes neuronais artificiais (RNA) são modelos computacionais inspirados no funcionamento dos neurónios biológicos do cérebro humano. Estes modelos são constituídos por várias camadas de neurónios interligados que podem processar informações complexas e aprender com os dados. O poder das RNAs reside na sua capacidade de generalizar conhecimentos a partir de exemplos.

Estrutura e funcionamento

Uma rede neural típica é composta por :

- **A camada de entrada**: Representa os dados em bruto (por exemplo, pixéis para uma imagem ou palavras para um texto).
- **Camadas ocultas**: Efectuam transformações intermédias utilizando activações não lineares como ReLU (Rectified Linear Unit) ou tanh.
- **A camada de saída**: produz os resultados finais, como a probabilidade de cada classe num problema de classificação.

Cada ligação entre dois neurónios está associada a um peso, que é ajustado durante o processo de treino utilizando um algoritmo como o gradiente descendente. As RNA são frequentemente treinadas através da minimização de uma função de perda que mede a diferença entre as previsões e os valores reais.

Aplicações do ARN

1. **Reconhecimento de imagens**: as CNN (Redes Neuronais Convolucionais) são excelentes em tarefas como a identificação de objectos e a classificação de imagens. Por exemplo, algoritmos como o ResNet ou o Inception são amplamente utilizados na visão computacional.
2. **Tradução automática**: Modelos como os Transformers (por exemplo, BERT ou GPT) revolucionaram o processamento da linguagem natural (PNL), permitindo traduções exactas e sensíveis ao contexto.
3. **Previsão de séries cronológicas**: Nos domínios financeiro ou meteorológico, as RNAs, como as RNN (Recurrent Neural Networks) ou as LSTM (Long Short-Term Memory), podem ser utilizadas para analisar as tendências passadas a fim de prever o futuro.

Vantagens e limitações

- **Benefícios**: Capacidade de processar dados não estruturados, adaptabilidade a uma variedade de problemas, desempenho excecional para grandes volumes de dados.
- **Limitações**: Necessidade de grandes quantidades de dados para treinar, custos computacionais elevados, opacidade dos modelos (caixa negra).

3.2. Algoritmos genéticos

Os algoritmos genéticos (AG) são métodos de otimização e pesquisa inspirados no processo de seleção natural. Baseiam-se em mecanismos evolutivos como a mutação, o cruzamento e a seleção para produzir soluções eficientes para problemas complexos.

Como funcionam os algoritmos genéticos

1. **Inicialização**: Criação de uma população inicial de potenciais soluções (indivíduos).
2. **Avaliação**: Cada indivíduo é avaliado de acordo com uma função de aptidão física que mede o seu desempenho.
3. **Seleção**: Os indivíduos mais bem adaptados são selecionados para a reprodução.
4. **Cruzamento e mutação**: indivíduos selecionados produzem uma nova geração através da combinação e alteração das suas caraterísticas.
5. **Repetição**: O processo é repetido até ser atingida uma solução óptima ou um critério de paragem predefinido.

Aplicações

1. **Planeamento e programação**: otimizar os horários nos aeroportos ou na indústria.
2. **Conceção de sistemas**: automatização da conceção de circuitos electrónicos ou otimização de estruturas mecânicas.
3. **Inteligência artificial para jogos**: criar estratégias adaptativas em ambientes de jogo complexos.

Pontos fortes e limitações

- **Pontos fortes**: Capacidade de escapar a mínimos locais, adaptabilidade a uma variedade de problemas.
- **Limitações**: Tempo de cálculo longo, parâmetros complexos (tamanho da população, taxa de mutação, etc.).

3.3. Lógica difusa

A lógica difusa pode ser utilizada para processar informações imprecisas ou ambíguas, atribuindo graus de verdade às afirmações. Ao contrário da lógica booleana tradicional (verdadeiro ou falso), funciona com valores intermédios, reflectindo melhor as incertezas do mundo real.

Conceitos-chave

- **Variáveis difusas**: representam conceitos imprecisos como "quente" ou "frio".
- **Funções de associação**: Determinam o grau em que um valor pertence a uma categoria fuzzy.
- **Regras difusas**: utilizadas para deduzir conclusões a partir de informações difusas ("Se X é elevado e Y é baixo, então Z é moderado").

Aplicações

1. **Sistemas de controlo**: otimização dos sistemas de travagem automática nos automóveis.
2. **Gestão da energia**: Controlo inteligente dos sistemas de aquecimento, ventilação e ar condicionado (HVAC).
3. **Tomada de decisões**: avaliação dos riscos nos sectores dos seguros e das finanças.

3.4. Sistemas periciais

Os sistemas periciais são programas informáticos que reproduzem as competências e os conhecimentos de um perito humano num domínio específico. Apoiam-se numa base de conhecimentos e num motor de inferência para resolver problemas ou recomendar soluções.

Estrutura de um sistema pericial

1. **Base de conhecimentos**: contém factos e regras relacionados com um domínio.
2. **Motor de inferência**: Utiliza algoritmos para tirar conclusões a partir da informação disponível.
3. **Interface do utilizador**: permite que os utilizadores interajam com o sistema.

Aplicações

1. **Medicina**: Diagnóstico de doenças complexas através de sistemas como o MYCIN.
2. **Finanças**: Análise de riscos financeiros e previsão de tendências.
3. **Engenharia**: Conceção assistida por computador (CAD) e diagnóstico de falhas técnicas.

3.5. Visão por computador

A visão por computador consiste em equipar as máquinas com a capacidade de compreender e interpretar imagens e vídeos. Este domínio baseia-se em algoritmos avançados de processamento de imagem combinados com aprendizagem profunda.

Técnicas fundamentais

- **Deteção de objectos**: Identificação e localização de objectos numa imagem.

- **Segmentação de imagens**: divisão de uma imagem em regiões significativas.
- **Aprendizagem profunda**: as CNN (Redes Neuronais Convolucionais) estão no centro de muitos avanços na visão computacional.

Aplicações

1. **Reconhecimento facial**: segurança dos dispositivos electrónicos.
2. **Condução autónoma**: análise em tempo real do ambiente rodoviário.
3. **Saúde**: Deteção precoce de doenças utilizando imagens médicas.

Conclusão

Neste capítulo, explorámos as principais técnicas e métodos da inteligência artificial. Cada abordagem, quer se trate de redes neuronais, algoritmos genéticos ou sistemas especializados, desempenha um papel crucial na resolução de problemas complexos e na melhoria dos sistemas inteligentes. Estas ferramentas constituem as bases sobre as quais serão construídas as inovações do futuro.

CAPÍTULO 4: APLICAÇÕES PRÁTICAS DA IA

Este capítulo explora as várias aplicações da inteligência artificial (IA) em diversos sectores-chave, incluindo a saúde, as finanças, a indústria, os transportes e a educação. A IA está a transformar estas áreas, melhorando a eficiência, reduzindo os custos e oferecendo soluções inovadoras para os desafios actuais. Cada secção destaca exemplos concretos e os benefícios associados à integração da IA.

4.1 IA nos cuidados de saúde

A inteligência artificial desempenha um papel crucial no sector da saúde, onde é utilizada para melhorar o diagnóstico, o tratamento e a gestão dos doentes.

1. **Diagnóstico precoce e precisão**: os algoritmos de aprendizagem automática analisam dados médicos complexos para detetar doenças numa fase inicial, como o cancro ou as doenças cardiovasculares. Por exemplo, ferramentas como o AlphaFold da DeepMind prevêem a estrutura das proteínas, acelerando a investigação biomédica. Os dispositivos de deteção baseados em IA, como os scanners de imagens médicas, identificam anomalias com maior precisão do que os radiologistas humanos em alguns casos.
2. **Tratamentos personalizados**: Os sistemas de IA personalizam os tratamentos com base nos dados genéticos e no historial médico dos doentes, optimizando os resultados clínicos. Estas abordagens, conhecidas como medicina preditiva e terapias direcionadas, reduzem os efeitos secundários e melhoram a eficácia global dos cuidados.
3. **Apoio aos doentes**: Os chatbots e os assistentes virtuais, como a Ada Health, fornecem aconselhamento 24 horas por dia, 7 dias por

semana, e reduzem a carga dos profissionais de saúde. Também ajudam a monitorizar o cumprimento do tratamento, enviando lembretes automáticos ou fazendo perguntas para avaliar o estado de saúde do doente. Estas ferramentas permitem uma interação imediata e intuitiva, melhorando a experiência global do doente.

4. **Redução de custos**: as soluções baseadas em IA podem ajudar a minimizar os custos nos estabelecimentos médicos, por exemplo, automatizando tarefas administrativas como a marcação de consultas ou o processamento de facturas médicas.
5. **Investigação clínica**: os algoritmos de IA identificam rapidamente padrões nos dados, acelerando a descoberta de novos medicamentos e a conceção de ensaios clínicos. Reduzem também o tempo necessário para validar a eficácia de um tratamento.

4.2 IA nas finanças

No sector financeiro, a IA tornou-se essencial para garantir a segurança e melhorar a eficiência.

1. **Deteção de fraudes**: sistemas como o da Visa utilizam modelos preditivos para analisar o comportamento dos clientes e identificar transacções suspeitas em tempo real. Estes modelos incorporam milhares de parâmetros, como os hábitos de consumo ou a localização geográfica, para detetar anomalias. A integração da IA significa que podemos reagir em milissegundos, o que é crucial para travar a atividade fraudulenta antes que esta cause perdas significativas.
2. **Robo-conselheiros**: Estas plataformas, como a Betterment e a Wealthfront, utilizam algoritmos para fornecer conselhos de investimento personalizados, tornando a gestão do património

acessível. Estas ferramentas analisam as preferências dos utilizadores, a tolerância ao risco e as tendências do mercado em tempo real para propor carteiras feitas à medida.

3. **Negociação optimizada**: a IA analisa grandes volumes de dados a uma velocidade sem precedentes, permitindo a negociação de alta frequência e uma melhor tomada de decisões. Os sistemas de IA identificam oportunidades de negociação mesmo antes de os humanos as poderem detetar, oferecendo uma vantagem competitiva às instituições que os utilizam.
4. **Gestão dos riscos**: a IA permite avaliar os riscos com maior precisão, graças à análise de dados em grande escala. Estas análises ajudam as empresas financeiras a antecipar as crises económicas e a preparar estratégias para as enfrentar.

4.3 IA na indústria

A IA está a transformar a indústria, introduzindo uma nova era de automação e otimização.

1. **Manutenção preditiva**: Ao analisar os dados dos sensores, os algoritmos antecipam as avarias dos equipamentos, reduzindo o tempo de inatividade e os custos de reparação. Isto permite às empresas reduzir as interrupções de serviço e evitar perdas consideráveis.
2. **Automatização de processos**: os robots inteligentes aumentam a precisão e a eficiência das linhas de produção. A Tesla, por exemplo, está a integrar sistemas de IA nas suas fábricas para acelerar a produção. Esta automatização permite à indústria reduzir os erros humanos, aumentando simultaneamente os volumes de produção.

3. **Otimização da cadeia de abastecimento**: Plataformas como a Blue Yonder prevêem a procura e ajustam os níveis de stock, reduzindo o desperdício. As tecnologias baseadas em IA ajudam a monitorizar os movimentos de carga, garantindo entregas mais rápidas e eficientes.

4.4 IA nos transportes

O sector dos transportes está a ser revolucionado pela IA, desde os automóveis autónomos aos sistemas de gestão do tráfego.

1. **Veículos autónomos**: empresas como a Waymo e a Tesla estão a utilizar algoritmos de aprendizagem profunda para analisar dados de sensores, permitindo que os automóveis naveguem em segurança. Estes veículos são concebidos para reagir a situações complexas, tornando as estradas mais seguras.
2. **Gestão do tráfego**: os sistemas inteligentes optimizam os fluxos de tráfego, reduzindo o congestionamento e melhorando a segurança rodoviária. A IA ajuda a prever as necessidades de infra-estruturas e a propor melhorias com base em dados recolhidos em tempo real.
3. **Transportes sustentáveis**: as aplicações de IA, como as utilizadas pela Uber Freight, reduzem as distâncias percorridas em vazio, diminuindo assim as emissões de carbono. Estes sistemas também podem ser utilizados para otimizar as rotas de acordo com as condições meteorológicas ou as previsões de tráfego.

4.5 Enfermeiros no ensino

A inteligência artificial está a transformar o sector da educação, oferecendo soluções adaptadas e acessíveis.

1. **Aprendizagem adaptativa**: Plataformas como a DreamBox e a Smart Sparrow adaptam os conteúdos às necessidades individuais dos alunos, promovendo uma experiência personalizada. Estes sistemas utilizam análises em tempo real para identificar pontos fracos e ajustar os exercícios.
2. **Automatização de tarefas**: a IA automatiza tarefas administrativas, como a correção de avaliações, permitindo que os professores se concentrem no ensino. As ferramentas baseadas na IA também melhoram a gestão dos horários e das inscrições.
3. **Apoio à aprendizagem**: Os chatbots educativos, como os integrados no Microsoft Teams, orientam os alunos e respondem às suas perguntas em tempo real. Estes sistemas complementam os cursos online e oferecem apoio imediato.

Conclusão

Em conclusão, a inteligência artificial está a revolucionar vários sectores, trazendo melhorias significativas em termos de eficiência, personalização e inovação. As aplicações práticas da IA continuam a evoluir, prometendo um futuro em que estas tecnologias desempenharão um papel ainda mais central na nossa vida quotidiana.

CAPÍTULO 5: ÉTICA E DESAFIOS

Este capítulo explora em profundidade as questões e os desafios éticos associados à inteligência artificial (IA). Ao abordar os temas da privacidade, preconceitos, responsabilidade, transparência e impacto no emprego, procuramos demonstrar a importância de um quadro ético rigoroso para o desenvolvimento e utilização destas tecnologias.

5.1 Questões éticas

A ética da IA é um domínio de estudo em evolução, que se centra na forma como estas tecnologias influenciam a sociedade. Os sistemas de IA, ao tomarem decisões automatizadas, têm a capacidade de alterar as trajectórias de vida, redefinir os processos organizacionais e transformar as relações sociais. Esta responsabilidade exige o estabelecimento de diretrizes éticas que equilibrem a inovação tecnológica com as necessidades da humanidade.

Um desafio central é responder à questão fundamental: como desenvolver uma IA que respeite os direitos humanos, promova a igualdade e evite consequências indesejáveis? Esta questão dá origem a debates sobre as prioridades a adotar, quer se trate de dar prioridade à justiça social, ao respeito pela privacidade ou à criação de valor económico.

A integração ética da IA na nossa sociedade baseia-se numa série de princípios fundamentais:

1. **Justiça**: Garantir que os sistemas de IA não reforcem as desigualdades existentes.
2. **Autonomia**: Respeitar a capacidade dos indivíduos para tomarem decisões informadas.
3. **Beneficência**: Maximizar os benefícios e minimizar os riscos.
4. **Não maleficência**: evitar que a IA cause danos.

5. **Responsabilidade**: Garantir que as decisões tomadas pela IA possam ser explicadas e atribuídas.

No entanto, os dilemas éticos não são fáceis de resolver. Por exemplo, no domínio dos veículos autónomos, o que deve vir em primeiro lugar: a vida dos passageiros ou a dos peões? Estas questões sublinham a necessidade de um diálogo alargado entre as partes interessadas: criadores, governos, utilizadores e sociedade civil.

5.2 IA e privacidade

A privacidade é uma das principais preocupações com a emergência da IA. Enquanto tecnologias com utilização intensiva de dados, os sistemas de IA levantam questões cruciais sobre a recolha, a análise, o armazenamento e a utilização de informações pessoais. Estas práticas implicam grandes riscos para os direitos individuais e a democracia.

Uma das principais dificuldades é que os utilizadores nem sempre compreendem a forma como os seus dados são recolhidos ou para que fins são utilizados. Por exemplo, as aplicações móveis, os assistentes de voz e as plataformas de redes sociais exploram frequentemente os dados para fins de segmentação da publicidade, o que pode minar a confiança dos consumidores.

Regulamentos como o Regulamento Geral sobre a Proteção de Dados (RGPD) na Europa tentam dar resposta a estas preocupações. No entanto, a aplicação continua a ser um desafio, sobretudo devido ao alcance global dos sistemas de IA, que muitas vezes ultrapassa as jurisdições nacionais.

Os sistemas baseados na IA devem, por conseguinte, adotar abordagens éticas para garantir a privacidade:

- **Minimização de dados**: Limitar a recolha de dados ao estritamente necessário.
- **Anonimização**: Separar os dados pessoais dos identificadores individuais.
- **Consentimento informado**: Permitir que os utilizadores compreendam as implicações da utilização dos seus dados.
- **Conformidade proactiva**: Implementar auditorias para verificar a conformidade com as normas de proteção de dados.

Em última análise, a proteção da privacidade no contexto da IA exige não só uma regulamentação rigorosa, mas também responsabilidade por parte dos criadores e das organizações.

5.3 Vieses da IA

Os enviesamentos são inerentes a qualquer sistema de IA baseado em dados de treino. Podem ser introduzidos por factores como conjuntos de dados não representativos ou preconceitos inconscientes por parte dos programadores. Estes preconceitos podem produzir resultados discriminatórios, exacerbando as desigualdades sociais.

Um exemplo bem documentado diz respeito aos sistemas de reconhecimento facial, que apresentam frequentemente taxas de erro elevadas para indivíduos de minorias étnicas ou de géneros sub-representados nos dados de treino. Este facto pode ter consequências graves, como detenções injustificadas ou exclusão social.

Podem ser adoptadas várias estratégias para corrigir estes enviesamentos:

1. **Diversificação dos dados**: recolher dados que representem uma gama diversificada de utilizadores.

2. **Testes de equidade**: desenvolvimento de métodos para avaliar a equidade dos algoritmos.
3. **Sensibilização dos criadores**: formação das equipas técnicas para identificar e eliminar preconceitos.
4. **Auditorias independentes**: Estabelecer análises externas para verificar a equidade dos sistemas.

É necessária uma visão proactiva para garantir que a IA é utilizada para reduzir as disparidades e não para as reforçar.

5.4 Responsabilidade e transparência

A responsabilidade e a transparência estão estreitamente ligadas à aceitação da IA pela sociedade. Estes dois princípios ajudam a reforçar a confiança do público nestas tecnologias.

A responsabilidade implica que deve ser possível identificar claramente os actores responsáveis em caso de mau funcionamento ou de decisão prejudicial. Por exemplo, se um veículo autónomo causar um acidente, a culpa é do fabricante, do programador, do utilizador ou de qualquer outro fator? Esta questão continua a ser amplamente debatida e exige quadros jurídicos precisos.

A transparência, por seu lado, visa permitir que os utilizadores compreendam como funcionam os sistemas de IA. Isto inclui:

- **Explicabilidade**: Fornecer explicações claras para as decisões tomadas pela IA.
- **Acessibilidade da informação**: Disponibilizar documentos que descrevam os algoritmos utilizados.

- **Envolvimento das partes interessadas**: Incluir os utilizadores no processo de conceção para garantir que os sistemas satisfazem as suas necessidades.

Estes esforços são essenciais para garantir que os sistemas de IA respeitam os valores sociais.

5.5 Impacto no emprego

A IA está a redefinir o mercado de trabalho, automatizando tarefas e criando novas oportunidades. No entanto, estas mudanças não são isentas de consequências:

1. **Perda** de postos de trabalho: Muitos sectores, como a indústria transformadora, os transportes e os serviços, estão a perder postos de trabalho.
2. **Criação de emprego**: o aparecimento de novas funções, como especialista em ética da IA, analista de dados ou programador de algoritmos, oferece oportunidades para trabalhadores qualificados.
3. **Reciclagem profissional**: Os trabalhadores precisam de adquirir novas competências para se manterem relevantes.

As estratégias para atenuar estes impactos incluem:

- Investir na educação e na formação.
- Incentivar a colaboração entre governos, empresas e instituições académicas para antecipar as necessidades futuras.
- Introdução de políticas de proteção social adaptadas à economia digital.

Conclusão

As questões éticas que envolvem a IA são vastas e complexas. Exigem uma abordagem colaborativa e multidisciplinar para garantir que estas tecnologias sejam desenvolvidas e utilizadas de forma ética, responsável e em benefício de toda a sociedade.

CAPÍTULO 6: LINGUAGENS DE PROGRAMAÇÃO

Neste capítulo, vamos explorar várias linguagens de programação utilizadas no domínio da inteligência artificial (IA). Analisaremos Python, R, Java e C++, bem como linguagens emergentes que estão a ganhar popularidade no desenvolvimento de aplicações de IA. Cada linguagem tem as suas próprias caraterísticas, vantagens e desvantagens, que influenciam a sua utilização em diferentes contextos de IA.

6.1 Python para IA

Python é frequentemente considerada a linguagem de eleição para o desenvolvimento de aplicações de inteligência artificial. A sua sintaxe simples e legível e a extensa biblioteca de módulos (como o TensorFlow, o Keras e o PyTorch) facilitam a criação rápida de protótipos e o desenvolvimento de algoritmos complexos. Python também se destaca na manipulação de dados, com bibliotecas como Pandas e NumPy que permitem o processamento eficiente de grandes volumes de dados. Além disso, ferramentas como o Jupyter Notebook permitem aos programadores e investigadores criar facilmente protótipos e partilhar o seu trabalho sob a forma de notebooks interactivos.

Python oferece um ecossistema de bibliotecas poderosas para aprendizagem profunda e aprendizagem automática. Por exemplo, o TensorFlow e o PyTorch são amplamente utilizados em aplicações que vão desde o reconhecimento de imagens à geração de texto. O Keras, uma API de alto nível executada sobre o TensorFlow, simplifica a experimentação rápida. Os projectos de código aberto, como o Scikit-learn, fornecem uma gama de algoritmos de aprendizagem automática para uma variedade de tarefas, como a classificação, a regressão e o agrupamento.

Python é também ideal para sistemas baseados em IA, uma vez que permite uma fácil integração com ferramentas externas, como bases de dados ou serviços em nuvem. Por exemplo, os serviços Google Cloud, AWS e Azure oferecem APIs Python para uma rápida implementação de modelos. Por último, a comunidade Python, muito ativa, é um recurso inestimável para os programadores que procuram aprender, colaborar ou resolver problemas complexos.

6.2 R e suas aplicações

O R é utilizado principalmente para a análise estatística e a visualização de dados, mas também encontrou o seu lugar no domínio da IA, nomeadamente para a aprendizagem automática. Com pacotes como o caret e o randomForest, o R permite aos investigadores e analistas manipular dados e criar modelos de previsão. Estes pacotes oferecem uma interface simplificada para uma vasta gama de algoritmos, poupando tempo e garantindo resultados fiáveis.

O R destaca-se pelas suas capacidades avançadas de visualização. Bibliotecas como a ggplot2 e a lattice podem ser utilizadas para criar gráficos personalizados e interactivos. Estas visualizações podem ser combinadas com ferramentas de análise para explorar os dados em profundidade e comunicar resultados complexos de forma clara. Além disso, o Shiny, um quadro desenvolvido em R, pode ser utilizado para criar rapidamente aplicações Web interactivas, facilitando a divulgação dos resultados da análise a intervenientes não técnicos.

No contexto da aprendizagem automática, o R também oferece ferramentas como o XGBoost, que é adequado para concursos de modelação preditiva, e pacotes especializados para séries temporais e análise espacial. Embora o R seja menos utilizado do que o Python nos sistemas de produção, continua a ser a escolha preferida para a análise exploratória e a criação de protótipos de modelos.

6.3 Java e IA

Java é uma linguagem de programação orientada para objectos que é amplamente utilizada no desenvolvimento de aplicações empresariais. No domínio da IA, Java é valorizada pela sua portabilidade e robustez. Graças à Máquina Virtual Java (JVM), as aplicações desenvolvidas em Java podem ser executadas numa grande variedade de plataformas sem modificar o código fonte. Esta caraterística é particularmente útil para os sistemas de IA que têm de ser integrados em infra-estruturas heterogéneas.

Java tem uma série de estruturas poderosas para IA, incluindo Deeplearning4j, que oferece suporte nativo para aprendizagem profunda e pode explorar GPUs para acelerar os cálculos. A Weka é outra biblioteca bem conhecida para a aprendizagem automática, que oferece uma interface fácil de utilizar e uma vasta coleção de algoritmos prontos a utilizar. Além disso, APIs como as do ecossistema Apache (por exemplo, Spark) permitem o processamento de dados maciços de forma distribuída, uma caraterística crucial para projectos de IA em grande escala.

Java está também presente no desenvolvimento móvel, nomeadamente através do Android, onde permite a integração de algoritmos de IA em aplicações móveis. Esta combinação abre oportunidades únicas para a criação de aplicações inteligentes capazes de funcionar offline, explorando os recursos locais do dispositivo.

6.4 C++ em sistemas de IA

O C++ é uma linguagem de baixo nível que oferece um controlo preciso dos recursos do sistema, o que a torna ideal para aplicações que exigem um desempenho ótimo. No domínio da IA, o C++ é frequentemente utilizado para desenvolver sistemas incorporados e aplicações que exigem uma execução rápida, como os jogos de vídeo e a robótica. A sua proximidade com o hardware minimiza a latência e optimiza os cálculos intensivos.

Muitas bibliotecas de aprendizagem automática e profunda, como o TensorFlow e o Caffe, são escritas em C++ por motivos de desempenho. Estas bibliotecas também oferecem ligações a outras linguagens, permitindo aos programadores tirar partido do desempenho do C++ enquanto trabalham num ambiente de alto nível. Os sistemas críticos, como as plataformas de negociação de alta frequência e os sistemas de controlo automóvel, utilizam frequentemente o C++ para garantir fiabilidade e eficiência.

6.5 Línguas emergentes

Com a rápida evolução da tecnologia, estão a surgir e a ganhar popularidade no domínio da IA novas linguagens de programação. Linguagens como Julia, concebida para computação científica e análise de dados, e Rust, que se centra na segurança e no desempenho, começam a atrair a atenção dos programadores de IA.

Julia destaca-se pela sua capacidade de combinar a facilidade de utilização das linguagens de alto nível com a velocidade das linguagens de baixo nível. É particularmente adequada para cálculos matriciais e simulações complexas. O Rust, por outro lado, é conhecido pela sua gestão segura da memória e pela resistência a erros comuns, como transbordos de memória intermédia. Estas caraterísticas tornam-na uma escolha atractiva para aplicações críticas de IA em que a fiabilidade e a segurança são fundamentais.

Conclusão

Em conclusão, a escolha da linguagem de programação para o desenvolvimento de aplicações de inteligência artificial depende das necessidades específicas do projeto, das competências dos programadores e dos requisitos de desempenho. Cada uma das linguagens abordadas neste capítulo tem as suas próprias vantagens e desvantagens, sendo essencial avaliá-las à luz dos objectivos do projeto.

CAPÍTULO 7: FERRAMENTAS E PLATAFORMAS

7.1 Introdução

A inteligência artificial (IA) tornou-se um motor essencial da inovação tecnológica em muitos sectores, incluindo os cuidados de saúde, as finanças, a logística e os transportes. À medida que a IA continua a redefinir os paradigmas industriais, é crucial compreender as ferramentas e as plataformas que apoiam o seu desenvolvimento. Estas tecnologias não são apenas aceleradores da inovação, mas também catalisadores da adoção de soluções avançadas por empresas e organizações de todas as dimensões. Este capítulo explora estas ferramentas em profundidade, o seu desenvolvimento histórico, os critérios de seleção e um caso prático que ilustra a sua utilização num contexto real. Destacamos a forma como as ferramentas de IA permitem resolver problemas complexos, tornando a inovação acessível a um leque mais alargado de profissionais.

7.2 Importância das ferramentas de desenvolvimento da IA

As ferramentas e plataformas de IA desempenham um papel central na simplificação de tarefas complexas e permitem que as equipas se concentrem nos aspectos criativos e estratégicos dos seus projectos. A sua importância pode ser dividida em várias dimensões fundamentais: automatização, acessibilidade, colaboração e inovação.

Automatização de tarefas complexas

As ferramentas de IA permitem automatizar muitas fases do desenvolvimento, reduzindo assim os obstáculos técnicos. Por exemplo:

- **Preparação de dados**: Bibliotecas como Pandas e NumPy permitem a manipulação eficiente de dados, enquanto ferramentas como a TensorFlow Data Validation automatizam a deteção de anomalias e a normalização de dados.

- **Conceção de modelos**: o TensorFlow e o PyTorch fornecem blocos de construção para criar arquitecturas complexas sem ter de reinventar a roda.
- **Formação e validação**: plataformas como o AWS SageMaker oferecem ambientes pré-definidos para formação, validação e implementação de modelos, eliminando a necessidade de gerir manualmente as infra-estruturas subjacentes.

7.3 Acessibilidade para todos os níveis de competências

Historicamente, a IA estava reservada a especialistas em ciências informáticas ou matemática avançada. Hoje em dia, graças às interfaces de utilizador intuitivas e às bibliotecas bem documentadas, até os principiantes podem começar:

- **AutoML**: Ferramentas como o Google AutoML podem gerar automaticamente modelos de elevado desempenho sem escrever uma única linha de código.
- **Plataformas com pouco código**: soluções como o DataRobot e o H2O.ai oferecem ambientes de arrastar e largar para conceber e implementar modelos de IA.

Colaboração e comunidade

As ferramentas de IA beneficiam muito com comunidades activas que incentivam a partilha de conhecimentos e a inovação aberta:

- **Recursos educativos**: Fóruns como o Stack Overflow e plataformas como o GitHub estão repletos de tutoriais, exemplos de código e soluções para problemas comuns.
- **Ecossistemas abertos**: As bibliotecas de código aberto, como o Scikit-learn ou o Hugging Face, permitem que todos contribuam para melhorar as ferramentas.

Acelerar a inovação

Com estas ferramentas, as empresas podem criar rapidamente protótipos de ideias e testar a sua viabilidade antes de investirem numa implantação em grande escala. Projectos ambiciosos, como a previsão de doenças ou a otimização da cadeia de abastecimento, tornam-se acessíveis graças a estas inovações.

Panorama histórico e evolução

O domínio das ferramentas de IA evoluiu drasticamente, desde abordagens rudimentares a ecossistemas complexos e sofisticados. Esta secção traça a história das ferramentas de IA e a sua evolução, destacando as principais tendências.

Os primórdios (anos 2000)

Na década de 2000, os investigadores de IA utilizavam principalmente bibliotecas matemáticas gerais:

- **NumPy e SciPy**: Fornecendo funções matemáticas avançadas, constituíram a base para a implementação de modelos simples.
- **MATLAB**: Muito popular nos círculos académicos, mas limitado pelo seu elevado custo e falta de escalabilidade.

Estas ferramentas exigiam conhecimentos especializados consideráveis e não dispunham de funcionalidades específicas de aprendizagem automática.

A ascensão da aprendizagem profunda (2010-2015)

Com o advento da aprendizagem profunda, surgiram quadros especializados:

- **Theano**: Um dos primeiros quadros para definir gráficos computacionais para redes neurais.
- **Caffe**: Popular na visão por computador, graças, nomeadamente, à sua eficácia em redes convolucionais.

Revoluções modernas (2015-2020)

O lançamento do TensorFlow em 2015 marcou um ponto de viragem. Desenvolvido pela Google, introduziu funcionalidades avançadas e uma documentação exaustiva. O PyTorch, lançado em 2016 pelo Facebook, ganhou popularidade graças à sua flexibilidade e abordagem dinâmica.

Ao mesmo tempo, as plataformas de computação em nuvem, como a AWS, a Google Cloud AI e a Microsoft Azure, democratizaram o acesso ao enorme poder de computação necessário para treinar modelos complexos.

Integração e democratização (2020-presente)

Desde a década de 2020, as ferramentas de IA têm continuado a fazer parte dos fluxos de trabalho quotidianos graças a inovações como a :

- **GitHub Copilot**: Utilizar modelos de linguagem avançados para ajudar os programadores.
- **ONNX (Open Neural Network Exchange)**: Uma norma que facilita a interoperabilidade entre estruturas.

Estes avanços reflectem uma tendência para a simplificação e acessibilidade, mantendo simultaneamente capacidades avançadas para os especialistas.

7.4 Escolha de uma ferramenta ou plataforma

A escolha de uma ferramenta ou plataforma de IA é uma decisão estratégica que depende de muitos factores. Esta secção explora os critérios essenciais e fornece exemplos práticos.

Factores a considerar

1. **Tipo de projeto**
    - Análise de dados: o Scikit-learn é excelente em modelos estatísticos e algoritmos clássicos de aprendizagem supervisionada.
    - Processamento de linguagem natural (PNL): Hugging Face oferece soluções avançadas para tarefas relacionadas com texto.
    - Visão por computador: PyTorch e TensorFlow são ideais para a conceção de redes convolucionais.
2. **Facilidade de utilização**
    - Programadores principiantes: Keras, uma API de alto nível, permite-lhe construir modelos sem complexidade excessiva.
    - Utilizadores avançados: o PyTorch oferece um controlo granular sobre as arquitecturas.
3. **Apoio comunitário**
    - Uma ferramenta com uma comunidade ativa garante o acesso a recursos educativos, exemplos e soluções.
4. **Orçamento e escala**
    - Plataformas de nuvem: AWS, Azure e Google Cloud oferecem preços flexíveis para se adaptarem a diferentes orçamentos.
5. **Interoperabilidade**

- Normas como a ONNX garantem a compatibilidade entre estruturas, facilitando a integração em ambientes heterogéneos.

Estudos de casos

- Uma empresa em fase de arranque utilizou o Google AutoML para desenvolver um protótipo em quinze dias, reduzindo para metade o tempo de colocação no mercado.
- Uma empresa industrial escolheu o PyTorch pela sua flexibilidade, que permite uma personalização completa dos modelos de previsão.

TensorFlow: líder versátil em IA

O TensorFlow, desenvolvido pelo Google Brain, estabeleceu-se como um pilar no domínio da IA. Esta secção explora as suas capacidades, as suas vantagens e um tutorial prático para o ajudar a compreender o seu funcionamento.

Principais caraterísticas

- **Suporte multiplataforma**: Implementação em servidores, browsers (TensorFlow.js) e dispositivos móveis (TensorFlow Lite).
- **Grafos computacionais**: estáticos para otimização e dinâmicos para flexibilidade.
- **Ferramentas integradas**: TensorBoard para visualização, TensorFlow Hub para modelos pré-treinados.
- **Técnicas avançadas**: Suporta modelos como GPT e GANs para tarefas complexas.

Vantagens do TensorFlow

1. **Desempenho**
    - Utilização óptima de GPUs e TPUs.
2. **Documentação**

- Documentação exaustiva e tutoriais oficiais para todos os níveis.

3. **Interoperabilidade**
   - Compatível com outras bibliotecas, como NumPy, Keras e Scikit-learn.

Tutorial prático

Um exemplo pormenorizado do treino de um modelo no conjunto de dados MNIST é apresentado na versão anterior.

Conclusão

As ferramentas e plataformas de IA estão a transformar a forma como os projectos são conceptualizados, desenvolvidos e implementados. Permitem ultrapassar desafios técnicos complexos, tornando a inovação acessível a um vasto leque de utilizadores. Ao escolherem estas ferramentas de forma sensata e ao dominarem as suas capacidades, as organizações podem não só resolver os problemas actuais, mas também antecipar os desafios do futuro. O futuro da IA assenta nestas bases, pelo que é essencial investir na sua adoção e melhoria.

CAPÍTULO 8: ROBÓTICA E IA

Este capítulo explora a integração da inteligência artificial (IA) na robótica, centrando-se em aspectos fundamentais como a navegação autónoma, a interação homem-robô, a robótica colaborativa e as aplicações industriais. Através de uma análise aprofundada, examinaremos a forma como a IA está a transformar as capacidades dos robôs, permitindo-lhes funcionar de forma mais autónoma e eficiente em diversos ambientes.

8.1 Integração da IA na robótica

A integração da IA na robótica permite que as máquinas processem informações complexas e tomem decisões em tempo real. Graças à aprendizagem automática e aos algoritmos de processamento de linguagem natural, os robots podem agora analisar o seu ambiente, aprender com a experiência e adaptar-se a uma variedade de situações. Esta sinergia entre a IA e a robótica abre caminho a aplicações inovadoras numa vasta gama de sectores.

A IA dá aos robôs amplas capacidades de perceção e de tomada de decisões. Por exemplo, os sistemas baseados em redes neuronais profundas podem detetar objectos, classificar imagens e reconhecer padrões complexos. Além disso, as plataformas de software de IA incorporadas nos robôs permitem que os cenários de ação sejam simulados e optimizados antes de serem implementados, reduzindo assim os riscos e aumentando a eficiência. A evolução da aprendizagem por reforço também permite que os robots melhorem através de iterações, demonstrando um desempenho semelhante ao humano em ambientes simulados ou reais.

Além disso, as plataformas de interoperabilidade e as interfaces normalizadas permitem uma integração mais fluida de diferentes módulos de software e hardware, promovendo o desenvolvimento de robôs versáteis. A crescente adoção da IA também explica o crescimento dos mercados de robótica em áreas como os cuidados de saúde, a logística e a defesa, onde a inovação é crucial para satisfazer necessidades em constante mudança.

8.2 Navegação autónoma

A navegação autónoma é uma das áreas mais avançadas da robótica que incorpora a IA. Os robôs equipados com sensores e algoritmos de visão por computador podem mapear o seu ambiente e navegar sem intervenção humana. Tecnologias como o SLAM (Simultaneous Localization and Mapping) permitem aos robots navegar eficazmente em espaços desconhecidos, o que é essencial para aplicações que vão desde a entrega de encomendas à exploração espacial.

Para garantir uma navegação autónoma fiável, são combinadas várias técnicas. Os sensores LiDAR, as câmaras estereoscópicas e o radar fornecem dados precisos sobre o ambiente imediato. Estes dados são depois processados por algoritmos de IA capazes de fundir as informações para criar mapas tridimensionais. Os algoritmos de planeamento de trajectos, como os baseados em gráficos de probabilidade ou na otimização de enxames de partículas, ajudam os robôs a escolher as rotas mais eficientes, evitando obstáculos.

A IA na navegação também inclui a capacidade de adaptação dinâmica. Por exemplo, um robô autónomo deve ser capaz de modificar a sua rota se aparecer um obstáculo inesperado ou se o ambiente se alterar. Os sistemas baseados na aprendizagem supervisionada ou não supervisionada permitem que os robots reconheçam padrões de comportamento e antecipem riscos, como a presença de animais ou peões.

Nos sectores industriais, estes robôs são utilizados para tarefas como a manipulação, a inspeção e a vigilância. Domínios como a agricultura também beneficiam de robôs com navegação autónoma, capazes de colher colheitas ou analisar o estado das plantações em vastas áreas.

8.3 Interação homem-robô

A interação homem-robô é um aspeto crucial da integração da IA na robótica. Os avanços no processamento da linguagem natural e no reconhecimento do discurso permitem que os robots compreendam e respondam aos comandos humanos de forma mais intuitiva. Além disso, os robôs podem ser programados para interpretar as emoções humanas, tornando as interações mais naturais e eficazes. Isto é particularmente relevante em contextos como a assistência domiciliária ou a educação.

As interfaces multimodais que combinam a fala, os gestos e as expressões faciais melhoram consideravelmente as interações homem-robô. Por exemplo, os robôs equipados com câmaras e sensores de profundidade podem detetar os movimentos humanos e responder-lhes de forma coordenada. Os sistemas de reconhecimento emocional, baseados na análise das expressões faciais ou do tom de voz, permitem que os robots se adaptem ao estado emocional dos seus interlocutores.

No sector da saúde, estas capacidades estão a ser bem utilizadas para prestar assistência a doentes idosos ou em reabilitação. Robôs sociais como o Pepper ou o NAO já estão a ser utilizados em hospitais e escolas para interações deliberadas e envolventes. Além disso, os trabalhos sobre exoesqueletos inteligentes utilizam a IA para compreender as necessidades motoras dos utilizadores e ajustar os seus movimentos em conformidade.

O desafio continua a ser a resolução de mal-entendidos e interpretações incorrectas. Os investigadores estão a explorar modelos híbridos que combinam bases de conhecimento simbólico e abordagens de aprendizagem profunda para melhorar a compreensão contextual dos robôs.

8.4 Robótica colaborativa

A robótica colaborativa, ou cobiótica, refere-se à utilização de robôs que trabalham ao lado de seres humanos num ambiente partilhado. A IA desempenha um papel essencial nesta dinâmica, permitindo que os robôs compreendam e prevejam as acções humanas, garantindo assim a segurança e a eficiência das operações. Estes sistemas colaborativos são cada vez mais utilizados nas linhas de produção, onde ajudam os trabalhadores em tarefas repetitivas ou perigosas.

Os Cobots são concebidos com sensores avançados capazes de detetar a presença humana nas proximidades. Os algoritmos de aprendizagem profunda permitem-lhes compreender os gestos e antecipar as intenções dos operadores. Por exemplo, numa linha de montagem, um cobot pode ajustar a sua velocidade ou força de acordo com as acções do trabalhador humano, evitando acidentes e melhorando a eficiência global.

Os cobots estão também equipados com mecanismos de tomada de decisões em colaboração. Podem participar no planeamento de tarefas, identificar estrangulamentos e ajustar o seu funcionamento de acordo com as prioridades estabelecidas pelos seus homólogos humanos. Estas capacidades reduzem o tempo de inatividade e aumentam a flexibilidade dos processos industriais.

No entanto, a integração de cobots em ambientes complexos exige normas rigorosas e testes exaustivos para garantir a conformidade com os regulamentos de segurança. Além disso, a formação dos operadores humanos continua a ser essencial para otimizar a utilização destas ferramentas de colaboração.

8.5 Aplicações industriais

As aplicações industriais da robótica baseada na IA são vastas e variadas. Na indústria transformadora, os robôs inteligentes optimizam os processos de produção, reduzem os erros e aumentam a produtividade. No sector da logística, os robôs autónomos gerem o armazenamento e a distribuição de mercadorias. A IA também permite a manutenção preditiva, reduzindo o tempo de inatividade e melhorando a eficiência operacional.

Nas fábricas, os braços robóticos alimentados por IA executam tarefas complexas, como a montagem precisa de componentes electrónicos ou a soldadura de estruturas metálicas. Os algoritmos de aprendizagem automática detectam defeitos de fabrico numa fase inicial, reduzindo os custos associados a produtos não conformes. Nos armazéns, os sistemas de robótica móvel, como os da Amazon Robotics, separam e movimentam encomendas com uma precisão inigualável.

A evolução dos gémeos digitais permite às empresas simular as suas linhas de produção em tempo real, identificando estrangulamentos e optimizando o desempenho. Os robôs autónomos, associados a plataformas de IA, também monitorizam o equipamento para detetar anomalias e prever avarias antes que estas ocorram.

Em sectores como o do petróleo, a robótica subaquática é utilizada para inspecionar e manter instalações offshore. Os drones autónomos, por sua vez, realizam missões de vigilância em ambientes perigosos ou inacessíveis, reduzindo os riscos para os operadores humanos.

8.6 Conclusão

Em conclusão, a integração da IA na robótica está a transformar radicalmente o panorama tecnológico, abrindo novas possibilidades de autonomia, interação e colaboração. Os avanços neste domínio prometem revolucionar não só a indústria, mas também a nossa vida quotidiana. O futuro da robótica afigura-se brilhante, com desenvolvimentos que estabelecerão novos padrões de produtividade e inovação.

CAPÍTULO 9: PROCESSAMENTO DE LINGUAGEM NATURAL

Este capítulo explora o domínio do processamento de linguagem natural (PNL), um ramo da inteligência artificial que procura tornar os computadores capazes de compreender, interpretar e gerar linguagem humana de uma forma fluente e natural. Graças a progressos impressionantes em áreas como a aprendizagem profunda e os modelos linguísticos, o PNL é agora parte integrante da nossa interação com a tecnologia.

9.1 Compreensão da língua

A compreensão da linguagem é uma das tarefas mais complexas da inteligência artificial. Trata-se de permitir que um sistema informático **compreenda** o significado subjacente às palavras e frases humanas. Este processo requer várias técnicas e fases avançadas:

a) Análise sintáctica (ou "parsing")

A análise sintáctica é o processo de decomposição de uma frase para compreender a sua estrutura gramatical. Uma árvore sintáctica é frequentemente utilizada para visualizar a relação entre as palavras numa frase. Por exemplo, a frase "O gato está a comer uma maçã" pode ser analisada para identificar que "gato" é o sujeito, "comer" é o verbo e "maçã" é o objeto direto. Esta estrutura permite compreender quem está a fazer o quê e a que se refere.

b) Análise semântica

A análise semântica vai para além da sintaxe, procurando compreender o **significado das** palavras no seu contexto. Por exemplo, a palavra "latido" pode significar o latido de uma árvore ou o latido de um cão. Os modelos semânticos modernos utilizam **representações vectoriais** (embeddings), como os **embeddings de palavras** do Word2Vec ou do GloVe, para captar o significado das palavras através de espaços vectoriais.

c) Análise Pragmática e Contextual

A compreensão pragmática é a capacidade de apreender as intenções subjacentes às palavras, o que é essencial para compreender o contexto em que uma frase é proferida. Um modelo NLT deve, portanto, incorporar o contexto geral para interpretar corretamente as nuances, o sarcasmo ou as expressões idiomáticas. Por exemplo, a frase "Está um dia de sol, perfeito para um passeio" pode ser interpretada de forma diferente se for dita após um período de chuva ou no verão.

d) Modelos linguísticos pré-treinados

Modelos como o **BERT**, **GPT** ou **T5** são modelos linguísticos poderosos que são previamente treinados em grandes corpora de texto para capturar estruturas linguísticas e relações entre palavras. Estes modelos utilizam arquitecturas **do tipo Transformer**, que são capazes de lidar com longas dependências num texto, o que os torna mais eficientes do que os modelos tradicionais, como os recorrentes (RNN).

9.2 Geração de línguas

A produção linguística é a arte de criar textos que parecem naturais, coerentes e relevantes. Requer um **conhecimento profundo do** assunto, mas também a capacidade de produzir textos que respeitem a sintaxe e a gramática.

a) Modelos de geração de texto

Os modelos generativos, como o **GPT-3** ou **o GPT-4**, podem criar textos longos e complexos a partir de algumas palavras-chave ou de uma pergunta. Por exemplo, se um modelo como o GPT-3 receber a pergunta "Escreva uma história curta sobre um robot e um gato", pode gerar um texto coerente e criativo numa questão de segundos.

b) Aplicações de geração de linguagem

Existem muitas áreas de aplicação para a geração de linguagem, incluindo :

- **Escrita automatizada**: os sistemas podem escrever artigos, relatórios ou mesmo poemas. As empresas utilizam estas tecnologias para produzir conteúdos em grande escala, como descrições de produtos ou resumos de artigos.
- **Criação de diálogos para jogos de vídeo**: Nos jogos interactivos, os diálogos podem ser gerados dinamicamente de acordo com as escolhas do jogador. Estes diálogos podem ser adaptados às acções e decisões em tempo real.

- **Escrita de código**: Ferramentas como o **GitHub Copilot**, que se baseia no GPT, são utilizadas para sugerir linhas de código com base nos comentários do programador.

c) Controlo da qualidade e da coerência

Uma das principais dificuldades na geração de linguagem é manter a **coerência** do texto, especialmente em secções longas. Os modelos de geração de linguagem tendem por vezes a perder o fio à meada da conversa ou a produzir repetições desnecessárias. Para evitar estes problemas, são utilizadas técnicas como a **regularização** ou **mecanismos de controlo do comprimento das sequências**.

9.3 Tradução automática

A tradução automática é uma das principais aplicações da TLN, permitindo a conversão de textos de uma língua para outra. Os sistemas modernos não se limitam a traduzir palavra a palavra; compreendem o **significado global do** texto para produzir traduções suaves e naturais.

a) Tradução baseada em modelos neurais

Os sistemas modernos utilizam **Redes Neuronais Recorrentes** (RNN) e **Transformadores**, que são capazes de processar uma frase ou parágrafo inteiro antes de produzir a tradução. Isto melhora consideravelmente a fluidez e a exatidão das traduções em comparação com os sistemas mais antigos baseados em regras ou traduções palavra a palavra.

- **Exemplo**: O Google Translate utiliza agora modelos **Transformer** (por exemplo, **GNMT** - Google Neural Machine Translation), que produzem traduções mais naturais, mesmo para frases complexas.

b) Tradução Contextual e Especializada

A tradução automática não se limita às línguas comuns, como o inglês ou o espanhol. Sistemas como o **DeepL** ou o **Amazon Translate** são capazes de traduzir línguas menos comuns e especializadas, como as línguas técnicas ou o jargão específico de certos domínios (medicina, direito, etc.).

9.4 Análise do sentimento

A análise de sentimentos é um ramo da NLT que tenta determinar a emoção ou opinião subjacente num texto. Utiliza **técnicas de classificação** para identificar se um texto é positivo, negativo ou neutro.

a) Aplicações da Análise dos Sentimentos

A análise de sentimentos é amplamente utilizada em vários sectores:

- **Marketing e publicidade**: As empresas analisam os sentimentos dos clientes sobre produtos ou serviços através de críticas, opiniões e comentários nas redes sociais. Isto permite-lhes medir **a satisfação dos clientes** e identificar oportunidades de melhoria.
- **Monitorização dos meios de comunicação social**: As organizações monitorizam a opinião pública sobre temas ou eventos actuais em tempo real, analisando milhões de publicações no Twitter, Facebook ou Instagram.
- **Previsão do mercado financeiro**: A análise de sentimentos pode ser utilizada para prever os movimentos do mercado, analisando as opiniões dos investidores sobre acções específicas ou acontecimentos económicos globais.

b) Modelos de análise dos sentimentos

Modelos como o **VADER** (Valence Aware Dictionary and sEntiment Reasoner) ou o **BERT** estão especialmente adaptados a esta tarefa, uma vez que têm em conta as variações subtis de tom ou de emoção nos textos.

9.5 Chatbots e assistentes virtuais

Os chatbots e **os assistentes virtuais** são aplicações concretas da NLT que interagem com os utilizadores em linguagem natural. Estes sistemas são atualmente utilizados em muitos domínios para melhorar a experiência do utilizador e automatizar determinadas tarefas.

a) Chatbots de serviço ao cliente

Os chatbots são amplamente utilizados para automatizar **as respostas aos clientes** em sectores como a banca, as telecomunicações e o comércio eletrónico. Podem responder a perguntas frequentes, ajudar a resolver problemas técnicos ou fornecer informações sobre produtos.

b) Assistentes virtuais

Assistentes como a **Siri, o Google Assistant** e **a Alexa** são exemplos de interfaces de comando de voz que permitem aos utilizadores interagir com os seus dispositivos por voz. Estes assistentes virtuais são alimentados por modelos de processamento de linguagem que lhes permitem compreender pedidos complexos e realizar acções.

c) Interações personalizadas

Os assistentes modernos podem personalizar as suas respostas de acordo com as preferências e o historial do utilizador. Por exemplo, um assistente pode lembrar o utilizador de um compromisso agendado, sugerir uma lista de reprodução com base no seu gosto musical ou até ajustar a temperatura da sua casa de acordo com as suas preferências.

9.6 Conclusão

O processamento de linguagem natural é uma área fundamental da inteligência artificial que está a transformar profundamente a forma como interagimos com a tecnologia. Os avanços na **aprendizagem automática** e na **aprendizagem profunda** permitem atualmente processar grandes volumes de dados de texto com uma precisão e uma eficiência sem precedentes. À medida que as capacidades da PNL se desenvolvem, assistiremos a uma adoção crescente desta tecnologia em áreas tão diversas como os cuidados de saúde, a educação, o serviço ao cliente e muito mais.

CAPÍTULO 10: IA E GRANDES DADOS

10.1 Introdução

A era dos dados massivos, apoiada pela rápida evolução tecnológica, conduziu a uma explosão dos volumes de dados gerados diariamente. Esta transformação está a criar novos desafios e oportunidades para as empresas e organizações. Neste contexto, a Inteligência Artificial (IA) e os grandes volumes de dados desempenham um papel central para permitir que estes volumes gigantescos de informação sejam processados, analisados e explorados. Este capítulo explora os principais aspectos desta interação, centrando-se na recolha, análise, armazenamento, gestão e segurança dos dados, ilustrando simultaneamente a forma como estas tecnologias podem transformar as indústrias e moldar o futuro dos negócios.

10.2 Recolha de dados

A recolha de dados é a primeira fase crucial do processo de análise de Big Data. Trata-se de adquirir, classificar e registar dados provenientes de diversas fontes, para que possam ser explorados no futuro. Os dados recolhidos podem ser estruturados, semi-estruturados ou não estruturados, o que exige métodos adaptados a cada tipo de dados.

Fontes de dados

- **Sensores IoT**: Estes dispositivos recolhem dados em tempo real sobre ambientes físicos ou digitais. Medem variáveis como a temperatura, a pressão, a humidade ou o movimento, e permitem uma monitorização automática e uma intervenção proactiva.
- **Redes sociais**: Facebook, Twitter, LinkedIn, Instagram e outras plataformas geram fluxos constantes de dados sociais. Estes dados incluem publicações, interações, perfis de utilizador e comportamento em linha, que podem ser utilizados para análises comportamentais, estudos de mercado ou campanhas personalizadas.
- **Transacções em linha**: As transacções financeiras, as compras em linha, os pagamentos móveis e os registos de interação em sítios Web recolhem uma grande quantidade de informações sobre os hábitos de compra, as preferências e o comportamento dos consumidores.
- **Sistemas de informação**: ERP (Enterprise Resource Planning), CRM e bases de dados transaccionais armazenam informações

organizacionais, como dados de clientes, existências, encomendas ou desempenho comercial. Estes dados permitem que os recursos e as relações sejam geridos de forma mais eficiente.

Métodos de recolha

- **Automatizado**: utilizando sensores IoT ou scripts de extração automatizados de bases de dados ou serviços Web. Este método permite a extração contínua de dados sem intervenção humana.
- **Semi-automatizado**: Considerando dados semi-estruturados ou não estruturados (por exemplo, ficheiros de registo ou imagens), este método pode exigir ferramentas de extração manuais ou semi-automatizadas antes da ingestão nas bases de dados.
- **Humanos**: Utilização de estudos de campo, inquéritos, questionários ou entrevistas, especialmente quando a informação é sensível ou específica do contexto cultural ou organizacional.

Problemas e desafios

- **Volume**: A enorme quantidade de dados recolhidos pode ultrapassar as capacidades de processamento tradicionais.
- **Variedade**: Os dados são frequentemente heterogéneos e requerem um tratamento adaptado à sua natureza (texto, vídeo, imagem, áudio, etc.).
- **Confidencialidade e regulamentação**: O cumprimento de regulamentações como o RGPD ou a HIPAA é crucial para proteger dados pessoais ou sensíveis.

10.3 Análise de dados de massa

A análise de Big Data tem como objetivo extrair informações significativas de volumes colossais de dados. Os algoritmos avançados de Inteligência Artificial (IA) permitem interpretar estes dados para efeitos de previsão, classificação ou identificação de relações ocultas.

Técnicas de análise

- **Algoritmos de aprendizagem supervisionada**: Utilizados para tarefas como a previsão de vendas, o serviço ao cliente ou a deteção de comportamentos fraudulentos. Estes modelos requerem dados rotulados e aprendem relações complexas entre variáveis.

- **Aprendizagem não supervisionada**: Utilizada para descobrir estruturas ou grupos nos dados sem supervisão prévia. Estas técnicas são utilizadas na segmentação de clientes ou na extração de dados para identificar grupos ocultos ou tendências emergentes.
- **Processamento de linguagem natural (PNL)**: Transforma dados textuais em informação utilizável. Isto inclui análise semântica, geração automática de conteúdos ou extração de entidades (nome, local, etc.).

Ferramentas e plataformas

- **Apache Hadoop**: Sistema distribuído para o processamento de Big Data, capaz de gerir conjuntos de dados em várias máquinas.
- **TensorFlow**, **PyTorch**: estruturas populares para aprendizagem profunda e análise avançada de dados.

Aplicações da análise

- **Previsão da procura**: Utilizada no sector retalhista para ajustar as existências ou antecipar a procura.
- **Análise Sentimental**: Detecta percepções ou atitudes em relação a uma marca ou produto com base em comentários ou publicações em redes sociais.
- **Personalização**: Permite que os serviços ou produtos sejam adaptados às preferências e ao comportamento dos utilizadores.

10.4 Armazenamento e gestão de dados

Com o crescimento exponencial dos dados, o armazenamento e a gestão estão a tornar-se grandes desafios. As soluções tradicionais, como as bases de dados relacionais, são muitas vezes insuficientes para gerir a crescente variedade e volume de dados.

Soluções de armazenamento distribuído

- **Bases de dados NoSQL**: Optimizadas para dados não relacionais. Exemplos: MongoDB, Cassandra, HBase. Estas bases de dados oferecem uma maior flexibilidade em termos de esquema e de processamento paralelo.
- **Armazenamento distribuído**: Soluções como o HDFS ou o S3 (Amazon) permitem o processamento de volumes maciços, mantendo a resiliência e a escalabilidade dos dados.

Métodos de gestão de dados

- **Particionamento** : Repartição dos dados por vários servidores ou máquinas para melhorar a velocidade de acesso.
- **Compressão**: Reduzir o volume de dados mantendo a sua integridade, facilitando a sua gestão em sistemas distribuídos.

Desafios de gestão

- **Escalabilidade**: Garantir um desempenho estável mesmo quando os volumes de dados crescem exponencialmente.
- **Disponibilidade**: Garantir a acessibilidade constante e a baixa latência dos dados, especialmente em arquitecturas distribuídas.

10.5 Segurança dos dados

A segurança é um aspeto crucial da gestão dos grandes volumes de dados. A explosão de dados apresenta riscos significativos em termos de confidencialidade e integridade.

Mecanismos de segurança

- **Encriptação de dados** : Proteger os dados quando são armazenados ou transferidos utilizando algoritmos criptográficos robustos.
- **Autenticação multifactor**: Reforçar o acesso, impedindo o acesso de terceiros não autorizados.
- **Controlos de acesso**: Gerir as permissões de acesso aos dados de acordo com funções específicas e níveis de confidencialidade.

Ciberameaças

- **Roubo de dados**: um risco crescente à medida que os serviços em nuvem evoluem e os sistemas distribuídos se tornam mais complexos.
- **Ransomware**: ataca as empresas através de bases de dados inseguras ou mal configuradas.

10.6 Integração da IA e dos grandes dados

A integração da Inteligência Artificial e do Big Data significa que grandes quantidades de dados podem ser transformadas numa verdadeira mina de ouro de informações utilizáveis.

Benefícios

- **Otimização de processos**: automatizar tarefas repetitivas utilizando modelos preditivos alimentados por algoritmos de IA.
- **Personalização avançada**: a utilização de Big Data para criar experiências de utilizador altamente personalizadas aumenta a satisfação e a fidelidade do cliente.

Perspectivas futuras

- **Maior precisão**: A análise avançada permite previsões mais exactas e recomendações mais relevantes.
- **Inovação nos modelos de negócio**: Novos modelos de negócio baseados em dados dinâmicos permitem a oferta de serviços inovadores.

10.7 Conclusão

A interação entre a Inteligência Artificial e os Grandes Dados está a transformar o panorama tecnológico e industrial. Ao combinar capacidades analíticas avançadas com dados em massa, as organizações podem maximizar a sua eficiência operacional e, ao mesmo tempo, descobrir novas oportunidades de crescimento e inovação. Embora esta interação levante desafios em termos de recolha, gestão, segurança e análise de dados, também abre algumas perspectivas promissoras

CAPÍTULO 11: SISTEMAS DE RECOMENDAÇÃO

Os sistemas de recomendação desempenham um papel crucial na personalização das experiências dos utilizadores em plataformas digitais, como sítios de streaming, redes sociais, comércio eletrónico e muitos outros. Oferecem sugestões de artigos, filmes, produtos ou conteúdos adaptados às preferências individuais dos utilizadores. Utilizando algoritmos sofisticados, estes sistemas analisam o comportamento passado e os dados disponíveis para prever o que pode ser relevante para cada utilizador.

1. Filtragem colaborativa

A filtragem colaborativa é um método amplamente utilizado para gerar recomendações. Baseia-se na ideia de que o comportamento dos utilizadores pode ser comparado para prever preferências futuras. Existem duas subcategorias principais de filtragem colaborativa:

a. Filtragem colaborativa baseada no utilizador

Neste tipo de sistema, o sistema compara os utilizadores entre si, utilizando o seu histórico de interação para fazer recomendações. Se dois utilizadores tiverem comportamentos semelhantes (ou seja, gostos semelhantes para um determinado número de itens ou conteúdos), o sistema sugere itens semelhantes aos apreciados pelo primeiro utilizador.

- **Exemplo**: Se o utilizador A tiver visto vários filmes de ficção científica e o utilizador B tiver demonstrado interesses semelhantes (vendo também filmes semelhantes ou dando classificações positivas a filmes do mesmo género), o sistema recomendará filmes de ficção científica a ambos os utilizadores.

Vantagens :

- Adaptado a novas interações sem necessidade de informações adicionais sobre o item.
- Fiável para recomendar novos conteúdos quando os dados do utilizador são abundantes.

Desvantagens:

- Problema **de arranque** a frio: Dificuldade em fornecer recomendações relevantes para novos utilizadores ou novos conteúdos, uma vez que há falta de dados históricos sobre as preferências dos utilizadores.

- Risco de **sobreajuste**: Ao concentrar-se apenas no comportamento passado, o sistema pode tornar-se demasiado rígido e não conseguir captar preferências mais amplas.

b. Filtragem colaborativa baseada em artigos

Este tipo centra-se na comparação de itens ou elementos em si, de acordo com os utilizadores que os apreciaram. Isto permite oferecer recomendações baseadas nas relações entre itens e não nos utilizadores.

- **Exemplo**: Um utilizador que tenha gostado de um produto específico pode receber recomendações de produtos semelhantes (idênticos ou próximos em atributos) que também tenham sido apreciados por outros utilizadores com interesses semelhantes.

Vantagens :

- Menos propenso a problemas de arranque a frio, uma vez que se baseia em interações anteriores do utilizador com itens semelhantes.
- Evita os preconceitos sociais que podem afetar a filtragem colaborativa baseada no utilizador.

Desvantagens:

- Limitação na diversificação das recomendações: baseadas em semelhanças entre itens, que podem não captar todas as preferências do utilizador.

2. Filtragem baseada no conteúdo

A filtragem baseada no conteúdo centra-se nas caraterísticas intrínsecas dos itens (artigos, filmes, produtos). Este método utiliza informações específicas sobre os itens recomendados, como a sua descrição, género, palavras-chave ou caraterísticas detalhadas, e compara-as com as preferências do utilizador.

Processo :

- **Extração de caraterísticas**: O sistema extrai atributos como géneros, etiquetas ou palavras-chave de um filme ou produto.

- **Comparação**: Os itens semelhantes são então recomendados com base nestes atributos.
- **Exemplo**: Se um utilizador gostar de filmes de terror com uma atmosfera misteriosa e temas paranormais, o sistema recomendará outros filmes com caraterísticas semelhantes (mesmo género, temas semelhantes, etc.).

Vantagens :

- Simples e explícito: o sistema baseia-se em regras bem definidas e em caraterísticas mensuráveis.
- Adaptado a novos conteúdos: quer o utilizador seja novo ou não, o sistema pode sempre recomendar itens semelhantes com base nas caraterísticas existentes.

Desvantagens:

- Falta de diversidade: Não tem em conta as preferências sociais nem as dos outros utilizadores.
- Menos eficaz com conteúdos mais complexos ou interações menos explícitas.

3. Métodos híbridos

Os métodos híbridos combinam as vantagens das abordagens colaborativas e baseadas no conteúdo para gerar recomendações mais exactas e diversificadas. Estes sistemas exploram os pontos fortes de ambos os métodos, limitando simultaneamente os seus respectivos pontos fracos.

a. Filtragem híbrida semelhante

Este tipo combina métodos colaborativos e baseados no conteúdo para melhorar o desempenho. O sistema utiliza **todas as informações do utilizador**, bem como **os atributos do item**, para fazer recomendações mais precisas.

- **Exemplo**: Um utilizador que tenha visto filmes de ação e tenha gostado de alguns deles receberá recomendações baseadas tanto em comportamentos anteriores semelhantes (colaborativas) como nas caraterísticas dos filmes de que gostou (baseadas no conteúdo).

Vantagens :

- Melhoria da exatidão das recomendações.
- Redução do enviesamento em comparação com um único método.

Desvantagens:

- Maior complexidade na gestão de diferentes fontes de informação.
- Custo computacional mais elevado.

b. Filtragem híbrida combinada

Neste caso, os dois métodos são utilizados de forma independente e, em seguida, os seus resultados são combinados para oferecer uma melhor personalização.

- **Exemplo**: Quando um utilizador interage com uma plataforma, as recomendações são geradas separadamente utilizando métodos colaborativos e baseados no conteúdo. Os dois resultados são depois fundidos para dar uma sugestão final.

4. Desafios e perspectivas

Apesar dos progressos significativos registados no domínio dos sistemas de recomendação, subsistem vários desafios:

- **Diversidade de recomendações**: Manter uma diversidade suficiente ao mesmo tempo que se oferecem sugestões personalizadas continua a ser uma tarefa complexa, uma vez que os utilizadores se podem cansar rapidamente dos mesmos tipos de recomendações.
- **Proteção da privacidade**: A utilização maciça de dados dos utilizadores suscita preocupações éticas sobre a segurança e a confidencialidade dos dados. É crucial proteger esta informação sem comprometer a qualidade das recomendações.
- **Interpretabilidade dos algoritmos**: Os utilizadores e mesmo as empresas têm por vezes dificuldade em compreender a forma como os algoritmos chegam às suas recomendações. Isto limita a sua aceitação e adoção em contextos críticos.

Perspectivas para o futuro

À medida que as tecnologias evoluem, os sistemas de recomendação terão de se adaptar às rápidas mudanças. Os sistemas terão de incorporar métodos baseados na inteligência artificial e na aprendizagem automática para oferecer experiências de utilização ainda mais personalizadas e relevantes. Além disso, a integração de tecnologias como o processamento da linguagem natural (PNL) e a visão por computador abrirá perspectivas interessantes para recomendações mais ricas e diversificadas.

CAPÍTULO 12: SEGURANÇA E IA

Este capítulo analisa mais de perto os aspectos cruciais da segurança no domínio da inteligência artificial (IA). A IA, enquanto tecnologia em evolução, traz muitas oportunidades, mas também desafios de segurança significativos. Com uma utilização crescente em áreas críticas como os cuidados de saúde, as finanças, a segurança nacional e muitas outras, é essencial compreender os potenciais riscos e as possíveis soluções para garantir uma segurança óptima.

1. Segurança dos sistemas de IA

Importância da segurança nos sistemas de IA

A segurança dos sistemas de IA tornou-se uma questão fundamental num mundo em que estas tecnologias influenciam cada vez mais as decisões estratégicas e operacionais das organizações. Os sistemas de IA que tratam dados sensíveis têm de ser protegidos contra ameaças como a manipulação maliciosa, as fugas de dados e os erros de decisão.

Questões fundamentais :

1. **Acesso não autorizado** :
   - A IA baseia-se frequentemente em modelos e algoritmos complexos que têm de ser protegidos contra o acesso não autorizado.
   - Isto inclui a utilização de mecanismos como a autenticação multifactor (MFA), o controlo de acesso baseado em funções (RBAC) e a deteção de intrusões.
2. **Integridade do modelo** :
   - Os modelos de IA são vulneráveis à manipulação dos seus dados de treino, o que pode levar a previsões erradas e a decisões pouco fiáveis.
   - A auditoria e a monitorização regulares dos modelos de IA ajudam a identificar estas vulnerabilidades.

2. IA para a cibersegurança

O papel da IA na cibersegurança

A IA é uma ferramenta valiosa para reforçar a cibersegurança, permitindo que as ameaças sejam detectadas de forma rápida e eficaz, ao mesmo tempo que automatiza as respostas.

1. **Deteção de comportamentos anómalos** :
   - A IA analisa os dados da rede e do utilizador para detetar anomalias, como intrusões ou actividades suspeitas.
   - Por exemplo, um banco pode utilizar sistemas de IA para monitorizar transacções em tempo real e assinalar actividades suspeitas.
2. **Respostas automatizadas** :
   - Em caso de incidentes, os sistemas de IA podem automatizar medidas preventivas, como o bloqueio imediato de um endereço IP malicioso ou a desativação temporária de uma conta comprometida.
3. **Utilização da aprendizagem automática** :
   - A aprendizagem automática permite que os sistemas de IA melhorem a sua capacidade de detetar padrões de ameaças em constante mudança, tornando as soluções mais reactivas aos ataques modernos.

3. Ataques adversários

Definição de ataques adversários

Os ataques adversários são concebidos para perturbar o bom funcionamento dos sistemas de IA, manipulando subtilmente os seus dados. Estas técnicas sofisticadas representam um grande desafio para a segurança dos sistemas de IA, uma vez que exploram frequentemente as vulnerabilidades existentes no processamento de dados.

1. **Tipos de ataques adversários** :
   - **Modificação da entrada**: Por exemplo, uma ligeira modificação de uma imagem destinada a um sistema de reconhecimento facial pode resultar num erro na identificação correta.
   - **Ataque armadilha**: Substituição de dados de teste por dados falsificados para enganar o modelo de IA quanto ao seu desempenho real.
2. **Técnicas de defesa** :

- **Deteção de perturbações** : Desenvolvimento de métodos robustos para a deteção de perturbações introduzidas nas entradas.
- **Teste de robustez**: utilização de simulações para testar a resposta dos modelos a ataques adversários.

4. Deteção de fraudes

IA e deteção de fraudes

A deteção de fraudes com recurso à IA ajuda a minimizar as perdas financeiras, identificando comportamentos anómalos nas transacções, ligações ou outras interações.

1. **Aprendizagem automática** :
   - A IA utiliza algoritmos para analisar milhares de transacções e isolar comportamentos suspeitos, tais como montantes invulgares ou padrões repetitivos consistentes com actividades fraudulentas.
2. **Personalização e adaptação** :
   - Os sistemas de IA podem ser treinados em novos tipos de fraude e adaptados a métodos de fraude em constante evolução, utilizando modelos de aprendizagem supervisionados e não supervisionados.

5. Proteção dos dados pessoais

Segurança dos dados pessoais

A proteção dos dados pessoais é crucial, especialmente nesta era de tratamento automatizado de informações sensíveis, em que as violações podem ter um impacto grave na privacidade.

1. **Gestão de dados sensíveis** :
   - A IA ajuda a identificar e a classificar os dados sensíveis de acordo com o seu nível de risco, permitindo a adoção de medidas adequadas para garantir a sua segurança.
2. **Técnicas de segurança** :
   - **Anonimização**: Remoção de informações pessoais, mantendo os dados relevantes para análise.
   - **Encriptação**: Garantir que os dados pessoais permanecem seguros utilizando algoritmos criptográficos avançados.

6. Conclusão

A segurança e a inteligência artificial estão intimamente ligadas num mundo em que os sistemas de IA são cada vez mais omnipresentes. Os desafios de segurança, como os ataques de adversários e as violações de dados, exigem soluções tecnológicas e abordagens rigorosas para garantir a confidencialidade, a integridade e a resiliência dos sistemas de IA. As organizações têm de adotar uma abordagem proactiva e contínua para garantir a segurança dos sistemas e dos dados.

CAPÍTULO 13: IA NOS JOGOS DE VÍDEO

Este capítulo analisa em profundidade a evolução da inteligência artificial (IA) nos jogos de vídeo, destacando a sua história, as suas várias aplicações para personagens não jogadoras (NPC), a otimização do desempenho, a geração de conteúdos processuais e a sua integração na realidade virtual. A IA transformou significativamente a experiência de jogo, tornando as interações mais imersivas, dinâmicas e realistas.

1. História da IA nos jogos

A IA nos jogos de vídeo remonta às décadas de 1950 e 1960, com jogos simples como **"Tennis for Two"** e **"Spacewar!"**, em que a IA tratava de elementos básicos como a simulação de movimentos simples. No entanto, foi só com o avanço da tecnologia, nomeadamente com a evolução das consolas e dos sistemas informáticos, que a IA começou a tornar-se mais complexa.

Anos 80: A IA deu os seus primeiros passos sérios com sistemas baseados em padrões previsíveis. **O "Pac-Man"**, por exemplo, utilizava inimigos que seguiam trajectórias fixas e não evoluíam de acordo com o comportamento do jogador.

Anos 90: Com a introdução das primeiras consolas 3D, como a PlayStation, e a evolução dos computadores, os algoritmos de IA puderam incorporar comportamentos mais complexos, como a tomada de decisões em tempo real e uma maior capacidade de adaptação às acções do jogador. **"Quake"**, **"Doom"** e **"Resident Evil 2"** utilizam sistemas de IA que têm em conta as tácticas do jogador para ajustar o seu comportamento em conformidade.

2. IA para personagens não-jogadores (NPCs)

Os NPCs são essenciais para criar mundos de jogo animados e interactivos. Com a IA, eles podem reagir de forma mais realista e natural, melhorando a experiência geral do jogador.

a. Árvores de decisão

As árvores de decisão são estruturas lógicas utilizadas para orientar as acções dos NPCs em cenários específicos. Estes sistemas permitem que as personagens adoptem comportamentos inteligentes e contextuais, como respostas adequadas a situações específicas ou estímulos no jogo. Por exemplo, em **"The Elder Scrolls V: Skyrim"**, os NPCs reagem a várias acções, como a ameaça de combate ou a exploração do ambiente.

b. Sistemas comportamentais

Estes sistemas utilizam algoritmos para definir rotinas de ação com base em estímulos percebidos. Em **"Grand Theft Auto"**, os NPCs interagem não só com o jogador, mas também entre si e com o ambiente, criando uma atmosfera dinâmica onde os comportamentos realistas surgem naturalmente.

c. Aprendizagem automática

A inteligência artificial que utiliza algoritmos de aprendizagem profunda permite que os NPC melhorem as suas capacidades, aprendendo com as acções passadas dos jogadores. **"Detroit: Become Human"** é um exemplo em que os NPCs aprendem a responder de forma mais realista e emocional às escolhas do jogador, tornando cada interação única e envolvente.

3. Otimização do desempenho

Com os mundos dos jogos em constante evolução, o desempenho é um elemento crucial para garantir uma experiência imersiva e ininterrupta.

a. Seleção e otimização visual

A eliminação é uma técnica em que a IA exclui objectos ou elementos não visíveis, o que reduz consideravelmente a carga de trabalho da placa gráfica. Isto permite criar mundos maiores sem sacrificar a fluidez. Por exemplo, em **"Assassin's Creed Odyssey**", a IA optimiza dinamicamente o que é apresentado em segundo plano para minimizar as perdas de desempenho.

b. Nível de pormenor (LOD)

O LOD ajusta a complexidade visual de um objeto ou ambiente de acordo com a sua distância do jogador. Esta técnica, habitualmente utilizada em jogos como **"The Witcher 3"** ou **"Cyberpunk 2077**", ajuda a manter um desempenho ótimo e uma elevada qualidade visual quando o jogador está próximo dos objectos.

c. Equilibrar a carga de trabalho

A IA também ajuda a distribuir a carga entre a CPU e a GPU para uma experiência sem atrasos. Isto é essencial em jogos multijogador competitivos em que a baixa latência é crucial.

4. Geração de procedimentos

A geração processual utiliza algoritmos para criar conteúdos automaticamente, reduzindo a carga de trabalho dos programadores e oferecendo uma variedade infinita de conteúdos.

a. Níveis e ambientes

Em jogos como **"No Man's Sky"**, a IA gera planetas, terrenos e estruturas de forma processual. Cada exploração é única graças a algoritmos que garantem que o conteúdo é diversificado e cativante.

b. Missões e histórias dinâmicas

As missões processuais, como as utilizadas em **"The Elder Scrolls Online"**, geram missões únicas para cada sessão de jogo. Isto mantém os jogadores interessados com conteúdos novos e inesperados.

5. Realidade virtual (RV) e IA

A integração da IA na realidade virtual abre uma nova dimensão de imersão e personalização.

a. Interações adaptativas

A IA analisa os movimentos do jogador em tempo real, ajustando o comportamento e a jogabilidade de acordo com as acções e escolhas do jogador. Em experiências como **"Half-Life: Alyx"**, os inimigos, os objectos interactivos e até os ambientes reagem de forma realista aos movimentos do jogador.

b. experiências imersivas

A IA em RV torna a interação muito mais natural. Os sistemas adaptativos analisam cada ação, mesmo os micro-movimentos, para proporcionar uma experiência perfeitamente adaptada a cada utilizador. Por exemplo, em **"Beat Saber VR"**, os inimigos ajustam-se aos movimentos do jogador para proporcionar desafios personalizados.

6. Conclusão

A inteligência artificial transformou profundamente o campo dos videojogos, oferecendo experiências mais dinâmicas, imersivas e adaptáveis. A sua evolução contínua, em sinergia com tecnologias de ponta como a RV e a geração processual, promete horizontes ainda maiores para os criadores e os jogadores, com uma maior personalização e profundidade nas interações digitais. A IA continua no centro da inovação dos videojogos, redefinindo constantemente os limites do que é possível nos mundos virtuais.

CAPÍTULO 14: A IA E O AMBIENTE

Este capítulo explora a interligação entre a inteligência artificial (IA) e os actuais desafios ambientais. Ao explorar áreas como a gestão de recursos, a monitorização ambiental, a resiliência climática, a conceção sustentável e a otimização das energias renováveis, descobrimos como a IA está a contribuir para um futuro mais sustentável e equilibrado. Segue-se uma exploração pormenorizada de cada aspeto:

1. IA para a gestão de recursos

A inteligência artificial ajuda a otimizar a utilização dos recursos naturais, garantindo uma gestão sustentável das matérias-primas, da água e dos solos agrícolas.

a. Otimizar a utilização da água

- **Previsão das necessidades de rega**
  A IA utiliza dados meteorológicos, levantamentos de solos e informações sobre as culturas para antecipar as necessidades de rega. Utilizando modelos preditivos, é possível reduzir o desperdício de água, mantendo os rendimentos óptimos.
  Exemplo: Os algoritmos de IA integrados em sistemas de sensores permitem uma irrigação precisa, poupando água e melhorando o desempenho agrícola.
- **Gestão de recursos aquíferos**
  Utilizando tecnologias avançadas de aprendizagem automática, a IA detecta os riscos de sobre-exploração das águas subterrâneas e ajuda a estabelecer estratégias de gestão sustentáveis.
  Exemplo: Os modelos preditivos analisam dados históricos e actuais sobre os níveis de água para evitar a escassez e otimizar a utilização dos recursos hídricos.

b. Otimização dos solos e da agricultura

- **Análise do solo**
  A inteligência artificial permite uma análise aprofundada da composição química e biológica dos solos. Esta abordagem permite uma gestão óptima dos solos agrícolas, limitando a utilização de fertilizantes químicos e mantendo uma produtividade elevada.
  Exemplo: A IA ajuda a identificar áreas que requerem uma intervenção específica, reduzindo o impacto ambiental e melhorando a qualidade do solo.

- **Previsão do rendimento agrícola** Utilizando modelos estatísticos e preditivos, a IA antecipa as variações climáticas e o seu impacto nas colheitas, oferecendo soluções adaptadas aos desafios que a agricultura enfrenta.

c. Gestão de matérias-primas

- **Deteção de recursos naturais** A IA ajuda a cartografar e monitorizar as reservas de recursos escassos, como metais preciosos ou minerais estratégicos, oferecendo uma gestão sustentável e uma exploração eficiente. **Exemplo**: os algoritmos de IA monitorizam dados geográficos para prever o esgotamento dos recursos naturais e propor alternativas sustentáveis.

2. Controlo ambiental

A monitorização ambiental em tempo real é essencial para identificar problemas ambientais e tomar medidas imediatas.

a. Sensores e drones com IA

- **Recolha de dados em tempo real** Sensores equipados com inteligência artificial analisam dados de vários parâmetros ambientais, como a qualidade do ar, da água e do solo. Estes dados permitem a deteção rápida de fontes de poluição ou de ameaças ambientais. **Exemplo**: drones autónomos equipados com sensores de IA realizam missões de monitorização ambiental, mesmo em áreas inacessíveis aos seres humanos.
- **Análise automática da poluição** A IA permite a identificação rápida da poluição utilizando modelos de reconhecimento de imagem e de processamento de linguagem natural, facilitando uma resposta imediata.

b. Análise de imagens de satélite

- **Detetar a desflorestação** A inteligência artificial analisa imagens de satélite para detetar a desflorestação e as alterações na utilização dos solos em grande

escala. Estas análises permitem uma gestão proactiva de zonas ecologicamente sensíveis.
Exemplo: os modelos de IA identificam as zonas afectadas pela desflorestação e alertam as autoridades para as principais alterações ambientais.

- **Monitorização de espécies e habitats**
Os sistemas avançados de IA automatizam a monitorização das migrações dos animais e dos habitats naturais, facilitando os esforços de conservação.

3. Resiliência climática

Face às alterações climáticas, a IA está a tornar-se essencial para reforçar a resiliência dos ecossistemas e das comunidades.

a. Modelação dos riscos climáticos

- **Previsão climática**
A inteligência artificial analisa conjuntos maciços de dados climáticos para prever fenómenos como inundações, secas ou tempestades, permitindo um melhor planeamento e gestão de riscos.
Exemplo: As simulações preditivas ajudam a planear infra-estruturas adaptadas a condições meteorológicas extremas.
- **Gestão de dados climáticos**
Os algoritmos de IA processam uma variedade de dados, desde registos meteorológicos históricos a projecções climáticas futuras, ajudando a antecipar os impactos das alterações climáticas.

b. Soluções de resiliência

- **Planos de adaptação**
A IA apoia a criação de estratégias de adaptação, analisando cenários complexos e fornecendo soluções optimizadas para vários riscos climáticos.
Exemplo: Os modelos de IA ajudam a modelar estratégias de resiliência para zonas costeiras ameaçadas pela subida do nível do mar.

4. Conceção sustentável

A IA orienta a conceção de espaços e infra-estruturas mais ecológicos e mais respeitadores do ambiente.

a. Otimização de edifícios sustentáveis

- **Conceção eficiente em termos energéticos** A IA ajuda a conceber edifícios que são optimizados em termos de consumo de energia, incorporando materiais ecológicos e sistemas de automação inteligentes para maximizar a sua sustentabilidade ambiental.
  Exemplo: As plataformas de IA avaliam o desempenho energético de um edifício em tempo real, optimizando a utilização de recursos e reduzindo a sua pegada de carbono.
- **Simulação de materiais** Os algoritmos de IA testam combinações de materiais sustentáveis para avaliar o seu impacto ambiental ao longo do seu ciclo de vida.

b. Desenvolvimento urbano sustentável

- **Melhorar as infra-estruturas urbanas** A IA ajuda a simular modelos urbanos sustentáveis, permitindo uma gestão óptima dos espaços públicos e integrando simultaneamente soluções ecológicas, como parques naturais ou espaços verdes.

5. Energias renováveis e IA

A integração eficiente das energias renováveis nas redes de eletricidade graças à IA é crucial para a transição energética.

a. Gestão de redes inteligentes

- **Otimização da produção e distribuição** A IA maximiza a integração das energias renováveis nas redes eléctricas, ajustando dinamicamente a procura e a oferta, minimizando as perdas e aumentando a eficiência energética. **Exemplo**: A IA antecipa os picos de consumo e ajusta a produção de eletricidade em conformidade, garantindo uma utilização óptima dos recursos.

b. Gestão de micro-rede

- **Controlo de redes locais**
  As microrredes geridas pela IA permitem a gestão local dos recursos energéticos, possibilitando uma melhor adaptação às flutuações da produção de energias renováveis.
  Exemplo: A IA optimiza a gestão das baterias e dos sistemas de armazenamento de energia nas microrredes, garantindo uma produção de energia constante.

Conclusão

A inteligência artificial oferece soluções inovadoras e complexas para os actuais desafios ambientais. Desde a gestão dos recursos naturais e a monitorização ambiental até à conceção sustentável e à otimização das energias renováveis, a IA desempenha um papel central na criação de um futuro sustentável e resiliente. Ao integrar estas tecnologias em vários sectores, é possível construir um ecossistema equilibrado que respeite os recursos naturais.

CAPÍTULO 15: O FUTURO DA INTELIGÊNCIA ARTIFICIAL

Este capítulo explora as perspectivas futuras da inteligência artificial (IA), centrando-se nas tendências tecnológicas emergentes, no desenvolvimento da IA geral, no impacto da IA na sociedade, nas colaborações homem-máquina e nas inovações futuras. Através desta análise, tentaremos compreender como a IA poderá transformar vários aspectos da nossa vida quotidiana e profissional nos próximos anos.

Introdução

A inteligência artificial (IA) está a redefinir os limites do que é possível fazer numa série de domínios, como a saúde, a educação, as finanças, a segurança e os transportes. Com os rápidos avanços tecnológicos, a IA continua a evoluir para aplicações mais complexas, adaptativas e autónomas. No entanto, esta evolução levanta questões importantes em termos de ética, regulamentação e responsabilidade. Este capítulo explora as muitas dimensões da IA e o seu potencial impacto a longo prazo na sociedade e na economia.

Tendências tecnológicas

As tecnologias de IA estão a avançar a um ritmo impressionante, oferecendo soluções cada vez mais adaptadas às complexas necessidades actuais. Eis as principais tendências tecnológicas a ter em conta:

1. Aprendizagem profunda

A aprendizagem profunda é a pedra angular das aplicações modernas de inteligência artificial. Esta tecnologia permite que as redes neuronais artificiais simulem processos cognitivos humanos complexos:

- **Modelos de profundidade crescente** : As redes neuronais profundas, como as arquitecturas Transformer e as redes convolucionais, são capazes de processar grandes volumes de dados, oferecendo um desempenho superior em áreas como o reconhecimento de imagens, a deteção de linguagem e a análise preditiva.
- **Auto-aprendizagem**: Os modelos são concebidos para melhorar continuamente com a experiência, reduzindo a necessidade de supervisão humana intensiva.

2. Processamento de linguagem natural (PNL)

O processamento da linguagem natural está a evoluir exponencialmente, permitindo interações muito mais naturais entre máquinas e utilizadores. As aplicações incluem :

- **Síntese de linguagem**: geração automática de conteúdo escrito ou falado a partir de descrições de texto ou consultas complexas.
- **Análise contextual**: Capacidade de compreender as nuances da linguagem, facilitando interações mais naturais e relevantes.

3. Visão computacional e reconhecimento de objectos

Os sistemas de visão por computador estão a tornar-se cada vez mais sofisticados, com uma vasta gama de aplicações em sectores como a vigilância, a robótica industrial e a medicina:

- **Deteção de objectos**: Utilização de modelos avançados para analisar imagens em tempo real e identificar objectos ou situações, essenciais para a gestão logística ou a segurança.
- **Melhorar os sistemas autónomos**: a IA na visão computacional permite que os veículos autónomos e os drones interajam de forma mais segura com o seu ambiente.

4. IA quântica e grandes volumes de dados

Com o aumento das tecnologias quânticas e das capacidades de processamento de Big Data, a IA continua a alargar os limites do que é possível:

- **IA quântica**: A inteligência artificial combinada com a capacidade de computação quântica poderá permitir inovações radicais em áreas como a criptografia, simulações químicas complexas e descoberta de medicamentos.
- **Gestão de dados em massa**: A análise de grandes quantidades de dados, em tempo real ou quase em tempo real, permite uma melhor tomada de decisões nos sectores financeiro, da medicina preditiva e da inteligência empresarial.

Desenvolvimento da IA geral (AGI)

O objetivo final da inteligência artificial geral (IAG) continua a ser um sonho ambicioso mas complexo. Ao contrário da IA especializada, a AGI aspira a imitar a inteligência humana em todas as suas dimensões:

1. Progressos e desafios

- **Ambições futuras**: Embora a IA especializada esteja a atingir níveis impressionantes, a AGI tem de ultrapassar desafios importantes, como a generalização da aprendizagem numa multiplicidade de domínios e a reprodução da flexibilidade cognitiva humana.
- **Contexto ético e filosófico**: O desenvolvimento de um sistema AGI levanta questões fundamentais sobre a consciência, o controlo e os limites éticos dos sistemas autónomos capazes de tomar decisões estratégicas complexas.

2. Aplicações potenciais

- **Superinteligência**: Embora ainda muito distante, a AGI poderá potencialmente ultrapassar a inteligência humana numa variedade de domínios, desde a ciência à arte e às relações interpessoais.
- **Impacto social**: As implicações éticas e sociais são enormes, exigindo regulamentação internacional e normas de controlo rigorosas para evitar abusos.

Impacto da IA na sociedade

O impacto da inteligência artificial na sociedade é simultaneamente gratificante e preocupante:

1. Prestações sociais

- **Acesso à informação**: a IA está a transformar a forma como a informação é processada e divulgada, tornando os sistemas de acesso mais democráticos e personalizados.
- **Otimização dos serviços públicos**: a automatização baseada na IA permite gerir os serviços públicos de forma mais eficiente e equitativa, em especial nos domínios da saúde, da educação e da gestão da segurança pública.
- **Criação de emprego**: Embora certas profissões estejam ameaçadas pela automatização, estão a surgir novos empregos em áreas relacionadas com a supervisão, a gestão ética e o desenvolvimento de algoritmos avançados.

2. Desafios sociais

- **Privacidade e segurança**: A recolha e a análise maciças de dados estão a gerar preocupações crescentes sobre a privacidade e a segurança dos dados pessoais.
- **Desigualdades tecnológicas**: A rápida adoção da IA poderá agravar as disparidades tecnológicas entre as populações com acesso à tecnologia e as populações excluídas, conduzindo a uma fratura digital.

Colaboração homem-máquina

A colaboração entre humanos e máquinas permite explorar os pontos fortes de cada um, resultando em soluções optimizadas em vários sectores:

1. Saúde e medicina

- **Assistência ao diagnóstico**: a IA ajuda os médicos a diagnosticar doenças complexas com maior rapidez e precisão.
- **Cirurgia assistida**: os sistemas de IA prestam assistência em tempo real durante a cirurgia, aumentando a precisão e reduzindo os riscos.

2. Sectores jurídico e financeiro

- **Auditoria automatizada**: Nos serviços jurídicos e financeiros, os algoritmos de IA facilitam a verificação automática de documentos e a gestão dos riscos financeiros.

Prospetiva e inovação

O futuro da IA reside numa visão prospetiva que incorpora soluções sustentáveis e éticas para satisfazer as necessidades da sociedade:

1. Inovação responsável

- **Desenvolvimento sustentável**: As inovações futuras devem ter em conta os aspectos éticos e ambientais, com uma redução do impacto do carbono e práticas de desenvolvimento transparentes.

- **Colaboração multissectorial**: O desenvolvimento da IA exige a cooperação entre governos, investigadores, empresas privadas e instituições internacionais para uma gestão eficaz.

2. Indústrias do futuro

- **IA na saúde e na educação**: A emergência de soluções de IA para a educação personalizada e a medicina preditiva definirá as próximas fases da inovação.

Conclusão

A inteligência artificial tem o potencial de transformar radicalmente a nossa sociedade e o modo como vivemos. No entanto, para garantir um futuro inclusivo e equitativo, são essenciais precauções éticas, uma regulamentação sólida e a colaboração internacional. A IA deve ser encarada como uma oportunidade, não só tecnológica mas também social, capaz de melhorar a nossa vida quotidiana, respeitando os princípios fundamentais do respeito pelos direitos e da transparência.

CAPÍTULO 16: PROPRIEDADE INTELECTUAL

Propriedade intelectual: um pilar da inovação e da criatividade

O que é a propriedade intelectual (PI)?

A propriedade intelectual (PI) é um domínio do direito que protege as criações da mente humana. Reúne um conjunto de direitos que garantem aos criadores, inventores e artistas o reconhecimento e a proteção das suas obras contra a utilização não autorizada por terceiros. Estes direitos abrangem uma variedade de criações, desde invenções técnicas a obras literárias e artísticas, incluindo marcas registadas e desenhos industriais. Ao proporcionar essa proteção, a PI contribui não só para o reconhecimento dos criadores, mas também para o desenvolvimento económico global.

As duas principais categorias de propriedade intelectual

A propriedade intelectual divide-se em duas categorias principais: propriedade industrial e direitos de autor. Cada uma destas categorias oferece uma proteção específica para diferentes tipos de criações, satisfazendo as necessidades distintas dos criadores e das empresas.

1. Propriedade industrial

A propriedade industrial diz respeito aos aspectos técnicos e comerciais das criações intelectuais, nomeadamente as invenções, as marcas e os desenhos industriais. O principal objetivo deste ramo é incentivar a inovação e proteger os direitos dos titulares de direitos contra a contrafação ou a usurpação.

a) Patentes

As patentes são direitos exclusivos que protegem as invenções técnicas. Permitem a um inventor explorar a sua inovação sem o risco de ser copiado por terceiros durante um período limitado, geralmente 20 anos. Para ser elegível para uma patente, uma invenção deve ser nova, inventiva e suscetível de aplicação industrial. Este sistema incentiva a inovação tecnológica ao proporcionar um quadro jurídico que garante recompensas económicas para os esforços dedicados à investigação e ao desenvolvimento.

As patentes cobrem uma vasta gama de invenções, desde processos de fabrico a dispositivos electrónicos, métodos de tratamento médico e inovações na engenharia de software. Os criadores beneficiam, assim, de um monopólio temporário, que lhes permite rentabilizar os seus esforços de investigação e desenvolvimento.

b) Marcas

As marcas registadas protegem sinais distintivos, como nomes, logótipos, símbolos e outros elementos visuais ou sonoros que diferenciam os produtos ou serviços de uma empresa. Permitem que os consumidores reconheçam facilmente os produtos ou serviços de uma empresa em relação aos dos seus concorrentes.

As marcas registadas desempenham um papel essencial na criação de uma imagem de marca forte. Asseguram o reconhecimento imediato dos produtos ou serviços, criando simultaneamente um valor comercial intangível. As empresas podem beneficiar de uma proteção eficaz da marca contra a usurpação ou a utilização não autorizada das suas identidades visuais.

c) Desenhos e modelos

Os desenhos e modelos protegem a aparência estética dos produtos. Abrangem aspectos como as formas, padrões, cores e texturas únicos de um produto. Esta forma de propriedade industrial impede a cópia não autorizada de um desenho ou modelo específico. Os desenhadores podem utilizar os direitos sobre desenhos e modelos para garantir que o seu trabalho é único e distinto no mercado.

Os direitos sobre os desenhos e modelos desempenham um papel essencial na indústria do design, garantindo que os designers de produtos não vejam o seu trabalho contrafeito ou imitado pelos concorrentes.

2. Direitos de autor

Os direitos de autor protegem as obras literárias e artísticas, incluindo obras como livros, música, filmes, pintura, fotografia, teatro, etc. Ao contrário da propriedade industrial, os direitos de autor não necessitam de registo para serem reconhecidos. No entanto, é aconselhável registar as suas obras por razões de prova e de segurança jurídica.

Os direitos de autor concedem aos criadores direitos exclusivos sobre a exploração das suas obras, permitindo-lhes controlar a utilização, distribuição e divulgação das suas criações. Esta forma de propriedade intelectual é essencial para garantir que os artistas e escritores possam beneficiar financeiramente das suas obras.

a) Proteção das obras literárias e artísticas

Os direitos de autor protegem não só as obras na sua forma material, mas também o seu conteúdo criativo. Este inclui elementos como ideias, emoções e conceitos, bem como a sua expressão através de vários meios, como a linguagem, a música ou as formas visuais.

As obras protegidas por direitos de autor incluem :

- **Livros**: romances, poesia, ensaios, artigos, etc.
- **Música**: composição, arranjos, letras, gravações áudio ou vídeo.
- **Filmes**: curtas-metragens, longas-metragens, documentários, obras audiovisuais.
- **Obras de arte**: pinturas, esculturas, fotografias, ilustrações, etc.

Os criadores têm o direito exclusivo de autorizar ou recusar a reprodução, distribuição ou adaptação das suas obras.

b) Duração da proteção

Os direitos de autor oferecem proteção ao criador durante toda a sua vida, acrescida de um período fixo, que varia de país para país. Na Europa, por exemplo, os direitos de autor estendem-se geralmente até 70 anos após a morte do autor. Isto permite que artistas, escritores e outros criadores recebam rendimentos das suas obras durante várias décadas.

Importância da propriedade intelectual

A propriedade intelectual é de importância fundamental para vários aspectos do desenvolvimento económico, cultural e social. Garante os direitos dos criadores, ao mesmo tempo que estimula a inovação e a concorrência no mercado. Eis as principais razões da sua importância:

1. Incentivar a inovação

A propriedade intelectual é essencial para estimular a inovação e a criatividade. Ao proporcionar proteção jurídica, incentiva os inventores e criadores a investir tempo e recursos no desenvolvimento de novas ideias. Graças a esta garantia, os inovadores podem testar conceitos sem receio de serem copiados ou explorados por terceiros sem o seu consentimento.

As patentes, por exemplo, incentivam a investigação e o desenvolvimento científicos, proporcionando um quadro que recompensa a inovação com uma proteção exclusiva temporária. Isto permite que os inventores desenvolvam tecnologias antes de estas estarem disponíveis para o público.

2. Proteção dos direitos dos criadores

A propriedade intelectual garante que os criadores possam beneficiar dos frutos do seu trabalho. Esta proteção é crucial, uma vez que garante que os esforços e investimentos feitos na criação são compensados de forma justa. Sem a propriedade intelectual, muitos artistas, escritores, inventores e empresas poderiam facilmente enfrentar a violação dos seus direitos, reduzindo o seu incentivo para produzir obras originais.

3. Desenvolvimento económico

A PI desempenha um papel fundamental no estímulo ao crescimento económico, apoiando a inovação e promovendo a concorrência no mercado. As empresas que detêm direitos de PI beneficiam frequentemente de uma vantagem competitiva porque podem proteger os seus produtos e serviços contra a cópia ou a contrafação. Este facto incentiva a criação de valor e a comercialização de novos produtos e serviços.

Desafios da propriedade intelectual

Apesar do seu papel crucial na proteção dos direitos, a propriedade intelectual enfrenta uma série de desafios num mundo globalizado e tecnologicamente avançado. Estes desafios têm de ser enfrentados para garantir uma proteção eficaz e justa dos direitos.

1. Pirataria e contrafação

O advento da tecnologia digital facilitou a reprodução não autorizada de conteúdos, conduzindo a um aumento maciço da pirataria e da violação dos direitos de autor. A contrafação de produtos, o acesso ilegal a software e o descarregamento de conteúdos protegidos sem consentimento têm um impacto financeiro considerável nos criadores e nas empresas.

As tecnologias digitais facilitam a distribuição de conteúdos protegidos, dificultando a deteção de infracções e a aplicação dos direitos.

2. Globalização dos mercados

A globalização complica a proteção dos direitos de PI à escala internacional. Cada país tem os seus próprios regulamentos e sistemas de PI, o que dificulta a aplicação uniforme dos direitos nos mercados globais. As empresas multinacionais têm frequentemente de fazer malabarismos com conjuntos de leis diferentes, tornando a gestão e a aplicação dos direitos muito mais complexa.

3. A emergência de tecnologias avançadas

As novas tecnologias, como a inteligência artificial, a cadeia de blocos e a Internet das Coisas (IoT), levantam questões importantes sobre a titularidade dos direitos e a proteção das obras geradas ou manipuladas por máquinas inteligentes. Este facto exige que as leis de PI sejam constantemente adaptadas para responder aos desafios colocados por estas inovações.

Conclusão

A propriedade intelectual é um pilar fundamental do desenvolvimento económico, cultural e tecnológico. Protege os direitos dos criadores, estimulando simultaneamente a inovação e a criatividade. No entanto, com os desafios modernos, como a pirataria, a globalização e os avanços tecnológicos, é crucial ajustar e evoluir para garantir uma proteção eficaz dos direitos num mundo em constante mudança.

CONCLUSÃO GERAL

A inteligência artificial (IA) ultrapassou o seu estatuto de ferramenta puramente técnica para se tornar uma força motriz capaz de redefinir as bases da nossa sociedade. Ao longo dos capítulos, explorámos a sua evolução, os seus princípios fundamentais, as suas múltiplas aplicações e as suas implicações éticas, jurídicas e ambientais. Esta exploração evidenciou que a IA é muito mais do que um simples avanço tecnológico: encarna uma transformação global que afecta as esferas económica, social e cultural.

1. Uma transformação multidimensional

A IA está no centro de sectores estratégicos que vão da saúde e da educação às finanças, à indústria e ao ambiente. Permitiu progressos espectaculares:

No domínio da medicina, melhora o diagnóstico precoce, personaliza o tratamento e contribui para a descoberta de medicamentos.

No domínio do ambiente, optimiza a gestão dos recursos naturais, monitoriza os ecossistemas e promove práticas sustentáveis.

Nos sistemas de informação e comunicação, simplifica a interação homem-máquina, ao mesmo tempo que oferece recomendações personalizadas que influenciam as nossas escolhas diárias.

No entanto, esta transformação vai para além das melhorias técnicas. Está a redefinir as nossas concepções tradicionais de trabalho, criatividade e autonomia, desafiando simultaneamente as estruturas económicas e sociais existentes.

2. Os desafios futuros

Apesar das suas muitas promessas, a IA coloca desafios complexos que têm de ser ultrapassados:

Vieses algorítmicos: a IA, treinada com dados tendenciosos, pode reproduzir ou amplificar a discriminação. Isto constitui um grande problema, especialmente em áreas sensíveis como o recrutamento, a justiça e o reconhecimento facial.

Ética e privacidade: a IA baseia-se em grandes volumes de dados pessoais, o que suscita preocupações quanto à proteção da privacidade e à utilização indevida desta informação.

Responsabilidade e transparência: Os sistemas de IA, frequentemente descritos como "caixas negras", carecem por vezes de transparência na tomada de decisões, o que dificulta a atribuição de responsabilidades em caso de erro ou dano.

Impacto ambiental: O treino de modelos de IA, especialmente os de grande escala, consome quantidades consideráveis de energia, pelo que temos de pensar em abordagens mais sustentáveis.

3. Oportunidades para um futuro melhor

Para que a IA se torne uma verdadeira alavanca de progresso, é necessária uma abordagem proactiva e colaborativa:

Regulamentação adequada: É essencial desenvolver quadros jurídicos que incentivem a inovação e, ao mesmo tempo, protejam os direitos dos indivíduos. Isto inclui leis sobre a utilização de dados, a responsabilidade algorítmica e a propriedade intelectual de obras geradas por IA.

Inclusão e diversidade: Incentivar a participação diversificada no desenvolvimento da IA reduzirá os preconceitos e responderá melhor às necessidades de uma sociedade global.

Investigação interdisciplinar: A combinação das ciências técnicas com disciplinas como a filosofia, o direito e a sociologia é crucial para antecipar os impactos a longo prazo da IA.

4. O futuro da inteligência artificial

A IA continuará a expandir-se em direcções inesperadas. Tecnologias emergentes, como a Inteligência Artificial Geral

(IAG), poderão um dia rivalizar com a inteligência humana numa vasta gama de tarefas. Noutros locais :

Os sistemas de IA emocional poderão transformar a forma como interagimos com as máquinas, tornando-as mais intuitivas e sensíveis às nossas necessidades.

No sector da educação, a IA poderá democratizar o acesso ao conhecimento e fornecer soluções personalizadas em grande escala.

A robótica autónoma e colaborativa permitirá explorar territórios até agora inacessíveis, remodelando simultaneamente os ambientes industriais e domésticos.

5. Uma responsabilidade colectiva

Enquanto empresa, temos a responsabilidade de moldar esta revolução tecnológica de modo a que ela reflicta os nossos valores e aspirações. Isto implica um equilíbrio delicado:

Explorar as oportunidades oferecidas pela IA, limitando simultaneamente os riscos.

Assegurar que os seus benefícios são distribuídos de forma equitativa, reduzindo em vez de exacerbar as desigualdades.

Promover uma governação ética e inclusiva que proteja os direitos fundamentais, incentivando simultaneamente a inovação.

A inteligência artificial está numa encruzilhada: pode conduzir a um futuro próspero e inclusivo ou, pelo contrário, exacerbar divisões e desigualdades se for mal gerida. A chave está numa abordagem equilibrada, orientada por princípios éticos e uma visão a longo prazo.

Em última análise, a IA não é apenas uma ferramenta tecnológica, mas um reflexo das nossas escolhas enquanto humanidade. Se aprendermos a compreendê-la, a controlá-la e a utilizá-la de forma responsável, temos uma oportunidade única de construir um mundo em que a tecnologia e a humanidade progridem lado a lado.

REFERÊNCIAS

Livros

[1]. Russell, S., & Norvig, P. (2021). Inteligência Artificial: Uma Abordagem Moderna (4e edição). Pearson Education.

[2]. Goodfellow, I., Bengio, Y., & Courville, A. (2016). Aprendizagem profunda. MIT Press.

[3]. Domingos, P. (2015). The Master Algorithm: How the Quest for the Ultimate Learning Machine Will Remake Our World [O Algoritmo Mestre: Como a Busca pela Máquina de Aprendizagem Definitiva Irá Transformar o Nosso Mundo]. Basic Books.

[4]. Chollet, F. (2018). Aprendizagem profunda com Python. Publicações Manning.

[5]. Bostrom, N. (2014). Superinteligência: caminhos, perigos, estratégias. Oxford University Press.

Artigos académicos

[6]. LeCun, Y., Bengio, Y., & Hinton, G. (2015). Aprendizagem profunda. Nature, 521(7553), 436-444.

[7]. Silver, D., Schrittwieser, J., Simonyan, K., et al. (2017). Dominando o jogo de Go sem conhecimento humano. Nature, 550(7676), 354-359.

[8]. Vaswani, A., Shazeer, N., Parmar, N., et al. (2017). Atenção é tudo o que você precisa. Avanços nos sistemas de processamento de informações neurais (NeurIPS).

[9]. Lake, B. M., Ullman, T. D., Tenenbaum, J. B., & Gershman, S. J. (2017). Construindo máquinas que aprendem e pensam como pessoas. Ciências do Comportamento e do Cérebro, 40, e253.

[10]. Zhang, X., Zhao, J., & LeCun, Y. (2015). Compreensão de texto a partir do zero. arXiv preprint arXiv: 1502.01710.

[11]. Relatórios e documentos técnicos

[12]. Comissão Europeia. (2020). Orientações éticas para uma IA fiável.

[13]. Fórum Económico Mundial. (2021). Relatório sobre o futuro do emprego.

[14]. McKinsey & Company (2022). The State of AI in 2022: Progress, Trends, and Challenges [O estado da IA em 2022: progresso, tendências e desafios].

[15]. OpenAI. (2023). Relatório técnico GPT-4.

[16]. Iniciativa Global do IEEE. (2019). Design eticamente alinhado: uma visão para dar prioridade ao bem-estar humano com sistemas autónomos e inteligentes.

Aplicações práticas e estudos de casos

[17]. Ng, A. (2018). Manual de transformação da IA. Aterragem da IA.

[18]. Google AI (2020). Práticas de IA responsáveis.

[19]. IBM Research (2021). AI Fairness 360: Compreender o enviesamento nos modelos de IA.

[20]. Tesla (2022). Avanços na condução autónoma com IA.

[21]. IA da Microsoft. (2023). IA e Sustentabilidade: Tirar partido da tecnologia para o impacto ambiental.

[22]. Kaggle (2024). Conjuntos de dados e competições para aprendizagem automática e IA. Disponível em: https://www.kaggle.com.

[23]. Blogue do TensorFlow (2023). Modelos e inovações de IA. Disponível em: https://blog.tensorflow.org.

[24]. Blogue da OpenAI (2023). Desenvolvimentos em grandes modelos de linguagem. Disponível em: https://openai.com/blog.

[25]. Média: Rumo à ciência dos dados (2023). Explorar os algoritmos de IA. Disponível em: https://towardsdatascience.com.

[26]. Coursera. (2024). IA para todos por Andrew Ng. Disponível em: https://www.coursera.org.

MIX
Papier aus verantwortungsvollen Quellen
Paper from responsible sources
FSC® C105338

Printed by Books on Demand GmbH, Norderstedt / Germany